总要警醒祷告，免得入了迷惑

李载禄博士

本书所引圣经经文取自
《现代标点和合本》

总要警醒祷告，免得入了迷惑

祷告篇

李载禄博士

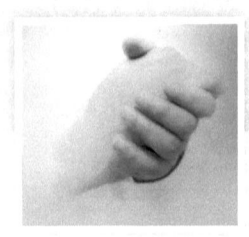

目录

Keep Watching and Praying

自序

第一章
祈求、寻找、叩门   1

第二章
信而不疑就必成   15

第三章
神所喜悦的祷告   29

第四章
总要警醒祷告，免得入了迷惑   45

第五章

义人祈祷所发的力量是大有功效的 　　　　59

第六章

同心合意祈求的功效 　　　　69

第七章

神所喜悦的禁食祷告 　　　　81

第八章

常常祷告，不可灰心 　　　　99

自序

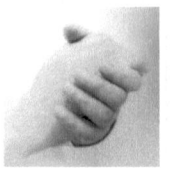

刚刚接待耶稣基督的人,往往因不知如何祷告而苦恼。即使是久信之人,也常因祷告犯难。但只要不放弃,依靠神的教导,殷切操练,在圣灵的帮助下,任何人都能做满有能力的祷告。

届时就会领悟:如同人不呼吸,身体会死一样。在信之人不祷告,灵就活不成。就像健康的人有规律的呼吸毫不费力,灵里健康的人,照常祷告是非常自然的事,不会觉得吃力。因为越是殷勤祷告,灵魂越会兴盛,以致凡事兴盛,身体健壮。祷告极其重要,决不能停止。耶稣多方强调其因,并切切叮嘱"总要儆醒祷告,免得入了迷惑"。

神满有恩慈,祂最了解我们、体贴我们。神随时垂听我们的祈求,也愿意应允我们所求一切。所以对在信的人而言,祷告是叩响并开启神心门的"钥匙",也是超时空作工的强大"武器"。许多基督徒经历人生反转、历史潮流转向的惊人事件,也正是这大有力量的祷告之功效,这是我们所知道的。当我们谦卑祈求圣灵的帮助,神必垂听应允,使我们被圣灵所充满,对神的旨意清晰领悟,谨遵而行,好让我们败坏仇敌魔鬼、撒但,全然得胜。

耶稣能够照着神旨完成一切的工,也是靠这祷告的力量。进入传道生涯之前,耶稣以四十天禁食祷告做准备。开展圣工期间也是照常随时祷告,为我们做出祷告的榜样。然而,即便认识到祷告的重要性,也有很多人因不知具体如何献上合神心意的祷告而得不到应允。对此我总感惋惜,依据圣灵启示和牧会经验,以祷告为主题撰写成书,受到众圣徒喜爱。让他们得悟正确的祷告姿态和心态,献上满有能力的祷告,多蒙祝福和应允。

此次修正版增加得神喜悦的禁食祷告和保护食方法,以及有助于了解祷告重要性的内容——图文专栏(Column View)。希望每一位读者在祷告生活中大得帮助,从而不住地警醒祷告,得享灵魂兴盛,凡事兴盛,身体健壮的美福。奉主圣名祝福!

2009年6月

李载禄 博士

第一章

祈求、寻找、叩门

赐上好福分的天上的父
你们祈求,就给你们
寻找,就寻见
叩神的心门

马太福音7章7至11节

"你们祈求,就给你们;寻找,就寻见;叩门,就给你们开门。因为凡祈求的,就得着;寻找的,就寻见;叩门的,就给他开门……何况你们在天上的父,岂不更把好东西给求他的人吗?"

赐上好福分的天上的父

得神喜悦，满得应允和祝福的信之典范，在圣经中多有记载。用心灵和诚实敬献的礼拜、赞美、祷告，以及服侍神人、在圣殿里侍奉等，都是神所喜悦的。

其中祷告乃是信仰之必须，是领受圣灵成神儿女的显据。祷告更是与父神交流的宝贵通道。就像儿女用各种方式向父母表达爱意、有需要就问父母求要那样，在信的人也要藉着祷告与神交流沟通，解决难题，蒙允得福。

祷告不是做也可、不做也罢的事，实为凡蒙得救恩的神儿女之必行。因为祷告乃是灵魂的呼吸，不祷告，我们的灵魂就会失去活力，枯槁熄灭。再者，惟有藉着祷告，我们才能遵行神的旨意，蒙神怜爱保守。

神不愿儿女遭受贫穷之苦、病患之痛。祂乐意赐上好的给我们，即使如此，若我们不想付出努力，仍是什么也得不着。世上没有哪家父母愿意让儿女如温室里的花草，娇生惯养弱不禁风。凡做父母者都希望儿女能努力学习，多才多艺，具备健康的人格和知识。神的心意，也是如此。

神不希望我们在信仰里安于现状，而是愿我们不断祈求、寻找、叩门，智慧勤奋，得享从神而来的满满祝福。约翰福音15章16节说："不是你们拣选了我，是我拣选了你们；并且分派你们去结果子，叫你们的果子常存，使你们奉我的名，无论向父求什么，他就赐给你们。"这是神的祝福之言、应许之语,当我们诚心祈求、寻找、叩门时,神必应允我们。

你们祈求,就给你们

"你们祈求,就给你们;"(马太福音7章7节)经文中满含神愿儿女得享蒙福人生的心怀。那么神让我们求什么呢?

寻求神的能力和神的面

诗篇105篇4节记载:"要寻求耶和华与他的能力,时常寻求他的面。"耶和华神创造天地(创世记2章4节),祂全知全能自有永有(出埃及记3章14节)。道就是神(约翰一书1章1节),万物乃神用话语所造,神的话语本为大能。

我们的信仰须要从神得赐能力。神从上头赐下恩典和能力,我们才能靠着胜过世界,遵行神道。"在信的人,凡事都能。"(马可福音9章23节)信是从神领受能力之首要条件。

但信心乃神所恩赐。知识性的信,人可以随心而取。从心底里相信的属灵信心,必须从神得赐。"寻求耶和华与他的能力"即向神求赐信心之意。

另外,我们还要寻求神的面。没见过面的人,岂能说是认识。同理,寻求神的面,意味着为了解神而努力。即曾躲避神面,掩耳拒听神音的人，打开心门，努力认识神，求听神音之意。故寻求神的面，并非求面见之意。

创造天地万物之后，神又造人在地上，并吩咐人治理这地，管理一切生物。然而，人类的始祖亚当却违背神的吩咐，犯罪得罪神，失去这一切福分，躲避神的面。因亚当的犯罪，他的后裔即所有人类远离神，沦为仇敌魔鬼的奴仆，堕入灭亡之路。为拯救注定死亡的世人，慈爱的神将耶稣基督差遣到这地上，打开救赎之路。凡接待耶稣基督，信靠祂名者，神必赦免一切罪，施恩拯救。

接待了耶稣基督，就要了解"神为父之由"、"道为神之因"等圣经六十六卷内容，这便是"寻求神的面"的实意。领悟圣经神言所蕴含的灵意，接在心里作生命的粮，我们就逐渐模成神与主的形像。为此，我们必须不住地祷告，恒心祈求神的能力，不断寻求神的面。

先求神的国和神的义

耶稣教导我们要先求神的国和神的义，这样神就把我们需用的一切都加给我们。"所以我告诉你们：不要为生命忧虑吃什么，喝什么，为身体忧虑穿什么……你们看那天上的飞鸟，也不种，也不收，也不积蓄在仓里，你们的天父尚且养活它。你们不比飞鸟贵重得多吗？你们哪一个能用思虑使寿数多加一刻呢（或作"使身量多加一肘呢"）？……你们需用的这一切东西，你们的天父是知道的。你们要先求他的国和他的义，这些东西都要加给你们了。"（马太福音6章25至33节）

那么，"求神的国和神的义"是什么意思呢？我们都是曾给仇敌魔鬼、撒但做奴仆的，注定灭亡。然而，我们有幸信了耶稣基督，领受了圣灵，重生做神儿女，成了天国的子民。我们要竭力传扬耶稣基督，使众多犯罪走向灭亡的人蒙恩得救，让神的国得到扩张。所以，"求神的国"就是要我们为所有人代求，祈愿人人都能得救成神儿女，也就是为拯救灵魂，为成就世界福音化祈求之意。

"求神的义"则是要我们祷告求圣洁之意，即听道悟道，离开黑暗在光明中行，像神圣洁一样成为圣洁。神本为善，祂是光，祂是公义之神。所以，犯罪的人无法寻见神，更没有资格做祂的儿女。离开黑暗，即离弃罪恶，谨遵真理而行，竭力成圣，就是"求神的义"了。凡求神的义，灵魂得以兴盛之人，必蒙神赐福，凡事兴盛，身体健壮（约翰三书第2节）。所以神应诺，先求神的国和神的义，就把我们需用的一切都加给我们。

身为工人者当求不辱使命

先求神的国和神的义，然后要为作神家工人而祷告。作工人的，则要为胜任工作不辱使命而祷告。神赏赐那寻求祂的人（希伯来书11章6节），且照各人所行的报应（启示录22章12节）。

启示录2章10节说："你务要至死忠心，我就赐给你那生命的冠冕。"在这个社会，发奋学习的人能考进名牌大学；恪尽职守的人能晋升加薪，享受更好的待遇。同样，当神的儿女热心担当使命，就会有更大的使命托付与他，所得赏赐也会更大。在神国得享的赏赐是荣耀的，是这地上所获得的奖赏所不能相比。为此我们当在各自的位置满怀热情，殷勤祷告，力求成为宝贵的神家工人。

没有职分的人，当为成为工人祈求。领受职分的人，则应尽职尽责，不住地祷告，求更大的职分。劝察求执事职分，执事要求做长老；区域长求组长职分，组长应为担当地区长或更大的职分祷告。但并不是要我们单求长老或执事的名分，而是要我们忠于使命、力担职任，多受劳苦，切慕得神重用。

所以，有职分的人，做好本职工作之外，托付更大任务也要胜任有余，当求得神称赞"好，你这又良善又忠心的仆人"。

当求日用的饮食

做神儿女的得享丰足健康的生活、凡事亨通顺利乃是理所应当。因为耶稣亲自走贫苦人生路、被鞭打，替我们担当贫穷和疾病（参考《十字架之道》）。所以，当我们先求神的国和神的义，而后求自己所需的，神就将这些东西都要加给我们（马太福音6章33节）。

也就是说，先求神的国和义之后，再求衣食住行，以及事业、工作上的祝福、亲人的健康等，神就照着应许把一切所需的东西都加给我们。这里当留意的是，必须求神的荣耀，所求若是为了满足私欲，神绝不应允。因为出于贪心而求的，与神无关。

寻找，就寻见

神叫我们寻找。那么，我们丢失了什么？要寻找的又是什么？神所造起初的人，是灵、魂、肉兼具的有灵的活人。能与神交通，尽享神所赐的美福，遵神吩咐生活。然而，人不胜撒但诱惑，违背了神的禁令。

创世记2章16、17节记载："耶和华神吩咐他说：'园中各样树上的果子，你可以随意吃，只是分别善恶树上的果子，你不可吃，因为你吃的日子必定死。'"敬畏神，谨守祂的诫命，这是人所当尽的本分（传道书12章13节）。可是亚当却没能持守神的诫命。吃了善恶树上的果子后，照着神所讲的，亚当的灵死了，不能再与神交通，成了属魂之人。

就这样，亚当的后裔即所有世人都成了灵死的属魂之人，丧掉了做人的本分。亚当悖逆的代价是被逐出伊甸园，贬到这被咒诅的地上，经受悲伤、痛苦、疾病，汗流满面才得糊口。亚当的后裔也没能按照神起初所造的样貌活得像人，人们被属魂的意念所左右，追求虚空的，不断堕落沉沦。

恢复亡失的灵

灵死后，只能凭靠魂和肉生活的人，若想活得像人，必须让亡失的灵复生。也就是说惟有已死的灵复生，成为属灵的人，与神恢复沟通，才能做好真正的人。所以，神吩咐我们寻找祂，叫我们亡失的灵重生还原。

神为世人预备了能够让死灵重生之道——耶稣基督。凡信靠耶稣基督的人，神就按照所应许的赐予圣灵。圣灵进到我们心里，唤醒我们里面的沉睡的死灵，且将我们领入真理和公义之中。按照圣灵的带领，认真听道，潜心领悟，化为生命的粮，不住地祷告，我们便能活出神的道。这就是死灵重生，更新再造为属灵之人的过程。

叩神的心门

神吩咐我们要叩门。那么，神叫我们叩的是什么门呢？那"门"就是神的心门。其实，我们叩神心门之前，神先叩响我们的心门（启示录3章20节）。使我们打开心门接待耶稣基督。现在轮到我们叩神的心门了。叩神的心门之意即为谨遵神道而行，也就是谨守遵行经上"当行、当禁、当守、当弃"的训言。

神最喜悦我们守道行道。约翰三书4节说："我听见我的儿女们按真理而行，我的喜乐就没有比这个大的。"所以，我们要先悔罪，带着谦卑之心向神祈求恩典。并要将装备在心里的真理之道全然活出来，恢复神的形像，殷勤叩神的心门。这样，神就照着我们所求的赐允丰盛。

神的心怀比天广、比海深，叩神的心门，无不蒙允。当我们藉着祷告叩神心门，神就打开天门降福。

"……那圣洁、真实，拿着大卫的钥匙，开了就没有人能关，关了就没有人能开的……"（启示录3章7节）照此，神若定意打开天门赐福，无人拦得住。

此处所讲的祈求、寻找、叩门是相连合一的。其过程并不是像尺量划线那样明确区分。装备神道和弃罪及活出真理的工夫需要同步进行。就此我们明白了当祈求、寻找的是什么，要叩的门是什么，愿圣徒们都能认真祈求、殷切寻找、不住叩门，从而所有心愿皆都蒙允，随时将荣耀归与神！

林肯的伟大精神和行动

"若神没有眷顾我,我什么都做不了。"

亚伯拉罕·林肯出身虔诚的基督教家庭。他具备常人没有的坚强信念,白天务工晚上自学,成为一名出色的律师。

有一天,林肯在奴隶市场看到奴隶被拍卖的情景,心中便泛起义愤。这也是在他当选总统后发生南北战争的重要因素。战时他亲自到前线看望士兵,鼓舞士气,回到白宫彻夜祷告神。各地战事愈演愈烈之际,总统中期选举临近,林肯根本无暇顾及竞选活动。

就在那个时期,林肯在葛底斯堡国家公墓揭幕式中发表演说。面对一万五千多民众,仅仅用二百六十八个单词发表简短演说，但却带给国民极大感动，各大报刊一致激赞。

演说中强调自由和平等思想，以及对战争中牺牲的烈士们表示深切哀悼和谢意，并要从牺牲的代价中汲取更多的献身精神，要使这个民有、民治、民享的政府永世长存。因充分表达出民主主义意向和目的，该演说名垂青史。

选举结果，林肯取得压倒式的胜利，南北战争也以北军的胜利告终。真正爱民、为民的心怀藉着演说辞得到表达，给国民带去感动。

林肯这般伟大精神和作为，皆源于对神的信仰。据说每当遇到难处，他都会祷告："天父，恳求您帮助我！若不靠着您，我什么都做不了。"谨遵神旨而活的人，神必与他同在；诚心信靠神的人，神有求必应。经上说"你若能信，在信的人，凡事都能。"（马可福音9章23节）

第二章

信而不疑就必成

伟大的信心之力

信靠全知全能的神

凭着信心求，一点不疑惑

凡祷告祈求的，无论是什么，只要信是得着的，就必得着

马可福音11章23、24节

"我实在告诉你们:无论何人对这座山说'你挪开此地,投在海里!'他若心里不疑惑,只信他所说的必成,就必给他成了。所以我告诉你们:凡你们祷告祈求的,无论是什么,只要信是得着的,就必得着。"

伟大的信心之力

一天,耶稣对没有结果子的无花果树说:"从今以后,你永不结果子!"……门徒看见了,便希奇说:"无花果树怎么立刻枯干了呢?"于是耶稣回答说:"……若有信心,不疑惑,不但能行无花果树上所行的事……祷告,无论求什么,只要信,就必得着。"(马太福音21章21、22节)。

信心大有功效,凭信凡事都能。约翰福音14章12至14节,耶稣说:"我实实在在地告诉你们:我所作的事,信我的人也要作;并且要作比这更大的事,因为我往父那里去。你们奉我的名无论求什么,我必成就,叫父因儿子得荣耀。你们若奉我的名求什么,我必成就。"

又在约翰福音15章7、8节说:"你们若常在我里面,我的话也常在你们里面;凡你们所愿意的,祈求就给你们成就。你们多结果子,我父就因此得荣耀,你们也就是我的门徒了。"凡接待耶稣基督的人,可称创造万有的神为父,信从天父教导的儿女,没有难解的问题。

马太福音17章20节,耶稣说:"是因你们的信心小。我实在告诉你们,你们若有信心像一粒芥菜种,就是对这座山说,'你从这边挪到那边',它也必挪去,并且你们没有一件不能作的事了。"照此,为了所求一切都能得到应允,将荣耀归与神,我们应当怎样行?一起来查考。

信靠全知全能的神

人生在世，衣食住行等有诸多需求，但呼吸却是最为重要的一项。因为人不呼吸，就无法延命。同样，接待耶稣基督重生的神儿女，维持属灵生命所需的诸多要素中，祷告最重要。祷告是与本为灵的神沟通的管道，是灵魂的呼吸。

祷告乃向神祈求蒙允的途径，祷告时最为重要的是对全能者三一神的信。所求能不能蒙允，取决于对神的信靠程度。那么，耶和华是怎样一位神？

启示录1章8节，主神说："我是阿拉法，我是俄梅戛（"阿拉法，俄梅戛"是希腊字母首末二字），是昔在、今在、以后永在的全能者。"旧约圣经记载，天地万物是按照神说的话造成的（创世记1章1至31节）。神分开挡住出埃及的以色列百姓去路的红海，使他们走干地过海（出埃及记14章21至29节）。神又使以色列百姓绕耶利哥城七日，最后一天当百姓大声呼喊时，固若金汤的城墙瞬间倒塌（约书亚记6章1至21节）。与亚摩利人的争战中，当约书亚祷告耶和华神，就使日头和月亮止住（约书亚记10章12至14节）。

新约时代，神藉着独生子耶稣让死人复活，医治百姓各种的病症（约翰福音11章17至44节；马太福音4章23、24节）；让瞎子开眼、瘫子起来行走（约翰福音9章6至11节；使徒行传3章1至10节）；斥责命令，击退仇敌魔鬼和鬼灵势力（马可福音5章1至20节）；用五饼二鱼让五千余男人及百姓吃饱了还有余剩（马可福音6章34至44节）；

斥责风和海，风和海就静了下来等，证明宇宙万物的主宰乃是神（马可福音4章35至39节）。

我们当信靠这全知全能、愿赐我们上好福分的慈爱的神。正如马太福音7章9至11节讲："你们中间谁有儿子求饼，反给他石头呢？求鱼，反给他蛇呢？你们虽然不好，尚且知道拿好东西给儿女，何况你们在天上的父，岂不更把好东西给求他的人吗？"神愿把最好的赐予做儿女的我们。

神爱我们，为我们不惜舍弃独生爱子，既然如此，还有什么不能给我们呢？"哪知他为我们的过犯受害，为我们的罪孽压伤。因他受的刑罚，我们得平安；因他受的鞭伤，我们得医治。我们都如羊走迷，各人偏行己路，耶和华使我们众人的罪孽都归在他身上。"（以赛亚书53章5、6节）照此，因着神为我们预备的耶稣基督，我们得以免死重生，得享和平，得蒙医治。

侍奉永生的全能者——父神的我们，在任何试探患难面前，都要心怀感恩，恒切祷告。因为我们信靠使万事都互相效力让爱神的人得益处的神。神喜悦这样的信心，按照我们的信心应允我们，显明祂活在永在的确据。

创造天地万物，又造人在地上的神，感动人记录圣经，显明祂的意旨。让信从祂教导的人寻见，彰显奇事和神迹，让世人知道祂昔在、今在、永在，是全知全能的上帝。正因为这样，我们藉着天地万物就可以明明知晓且相信神的永能和神性（罗马书1章20节），无论求什么都能得到应允，将荣耀归与神。

凭着信心求，一点不疑惑

信也有属肉和属灵之分，满足蒙允条件的即为属灵的信心。属肉的信心只有按照自己学识和想法能够理解时才能相信。相反属灵的信心，是凭人的知识不可理解、难以想象的，当人信靠祈求神时，神从上头赐下来的信心。也就是心里确信必会蒙允的信心。

雅各书1章6至8节说："只要凭着信心求，一点不疑惑；因为那疑惑的人，就像海中的波浪，被风吹动翻腾。这样的人不要想从主那里得什么。心怀二意的人，在他一切所行的路上都没有定见。"

人疑惑是因为受限于知识和意念及理论公式，实为仇敌魔鬼、撒但所为。疑惑乃是缺乏恒心的奸诈所致，是神所厌恶的。儿女对父母疑惑不信，做父母的该多么伤心。人疑惑是出于属肉的意念。圣经教导我们，体贴肉体的，就是与神为仇（罗马书8章7节），当把各样的计谋一概攻破，将人所有的心意夺回，使他都顺服基督（哥林多后书10章5节）。

信心逐渐长成属灵的信心，心里一点都不疑惑时，我们无论求什么，都能从神得到应允。摩西能分红海，约书亚能让约旦河停流、耶利哥城倒塌，是因他们毫不疑惑凭信而行。"我实在告诉你们：无论何人对这座山说：'你挪开此地，投在海里！'他若心里不疑惑，只信他所说的必成,就必给他成了。"(马可福音11章23节)。

如果凭信祷告,对首尔的南山说"你挪开此地,投在仁川前海里",神会不会应允呢?这事若成了,必会引发混乱。这并非神的旨意,更不是出于神所赐的属灵的信心,故而这种祷告得不到应允。没有心里相信的属灵信心,即使起初所求出于必成的信,时间长了会心生疑惑。所以祈求也不见应允,全因己过所致,所求不合神意或对神的应许疑惑不信。我们必须认识到这一点。

约翰一书3章21、22节:"亲爱的弟兄啊,我们的心若不责备我们,就可以向神坦然无惧了。并且我们一切所求的,就从他得着,因为我们遵守他的命令,行他所喜悦的事。"谨守遵行神的诫命,得神喜悦的人,有违神旨的绝不会求。所求合神旨意,凡所求一切都能从神得着,所以说"他若心里不疑惑,只信他所说的必成,就必给他成了"。

若想从神蒙允,必须显信而行,得备从神来的信心即属灵的信心。破碎一切意念和计谋,自然就会疑惑消失,完全相信的属灵信心临到,从而无论求什么都能得到应允。

凡祷告祈求的,无论是什么,只要信是得着的,就必得着

民数记23章19节记载:"神非人,必不致说谎;也非人子,必不

致后悔。他说话岂不照着行呢？他发言岂不要成就呢？"若是真心相信神，一点不疑惑，祷告祈求的，一定要信是已经得着了。因为神是全知全能且信实的。

种的是什么，收的也是什么，此乃神所定的公义法则。种子决定果子，同样，在信仰里用什么栽种，便收获什么果子。用祷告栽种，可从天上临到能力，活出神道，灵魂兴盛。热心尽忠侍奉的人，灵与肉必得健康，以十分之一和感恩礼物等用财物栽种，就会得赐物质上的美福。

那么为什么很多人有信、有求也得不着呢？难道是神不愿意应允？非也，即使神应允也得不着，是因人没有预备蒙允的器皿，所以才会迟延。农夫撒种，是因相信到了时候必会收成，但不能立刻收获，因为每一种作物的生长期都有所不同。香瓜或西瓜不到一年就可以收获，但苹果、梨、人参等需要经过数年才会结实。忍耐的时间越长，收获的喜悦也会越大。

如此，所求蒙允需要栽种和忍耐的过程。不管经营事业、上班工作，还是为主做工，凡事都有期限和时候，神往往在最适当的时候为我们赐允降福。正因如此，加拉太书6章9节讲："我们行善，不可丧志；若不灰心，到了时候就要收成。"

假设有个学生祷告，求神让他考上首尔大学。这样祷告，若是出于对神大能的信靠，到了时候神必应允他。但并不是祷告了，神就立刻应允。赐允之前，神先让人预备器皿。先让学生预备能够认真学习的心态，然后按照所求的引导学生领会除掉杂念专心学习的方法。照着所付出的热心，领入通达之路，帮助具备能够考入首尔大学的资格。

　　经受病痛之苦的人也是一样。从神道中得悟患病的根由、病愈之道，且凭信祷告求医，便可得医。

　　要查验与神隔绝的罪墙，深省懊悔，解决病根。如果是因恨生疾，须转恨为爱；明知暴饮暴食致病，就要培养节制能力，改掉饮食习惯。因为应允以先，神会先让人通过这样的过程，得赐信心，预备蒙允所需的器皿。

　　为事业祷告求允的情况也是如此。求生意兴旺，恳切祷告时，神会锻炼人造就蒙福的器皿。赐下智慧和能力，使人充分发挥经营才华，引导扩充事业。得遇好人、贵人，客户不断加增。到了时候按照人所求的赐允降福。

　　如此，经过撒种栽培的过程，神让我们的灵魂得以兴盛，等造就成配得应允的器皿之时，无论求什么，神都会应允。所以，不能动用人意，不可急躁，更不要疑惑。总要思考神的意思，相信已经得着，耐心等候。

　　神按照灵界的法则，公义要求，给人赐下应允。神喜悦儿女凭信而求，蒙允荣耀祂的名。希伯来书11章6节说："人非有信，就不能得神的喜悦；因为到神面前来的人，必须信有神，且信他赏赐那寻求他的人。"神非常喜爱信心充足的人,希伯来书11章5节讲:"以诺因着信,被接去,不至于见死,人也找不着他,因为神已经把他接去了。只是他被接去以先,已经得了神喜悦他的明证。"

以诺全然信靠神,谨遵神旨顺从,就光而活,爱神至上。神也深爱这样以诺,在地上与他同行三百年,没等以诺寿终就早早接上天去,留于身边。神如此爱以诺,不难想象在地上神定是赐福溢满。我们做神儿女的也当得备全能的神所喜悦的信心,无论求什么都能从神得允,将荣耀归与神。

藉着祷告开启的世界

祷告是灵魂的"望远镜"，使人看见肉眼望不见的世界

人们往往认为科学和信仰相对甚至相悖，然而，其实很多科学家都承认神的活在。探索宇宙的形成和起源、生物的生存原理，以及星宿观测等，在研究过程中，他们感受到至尊者的存在。

比如发现万有引力定律的艾萨克·牛顿，他是历史上为人类做出巨大贡献的科学家之一，又是显出卓越信之榜样的人。

据传，牛顿对神的了解主要是借助圣经，一连几天甚至好几周都专注圣经研究。他相信创造并主宰天地万物、掌管人类历史的神。他说："没有一种科学能

基于科学合理性和方法论的牛顿科学思想凝聚之作
《自然哲学的数学原理》

比圣经所讲的信仰更好地得到验证。"

在阐述自己科学研究成果的著作——《自然哲学的数学原理》中，他告白自己对神确切的信仰。

"太阳、行星，以及众多彗星最完美的体系实乃奇迹，没有充满智慧的大能者的计划和掌管，是不可能如此运行的。祂非世间的灵魂，而是主宰一切的万主之主。所以祂被尊称为主耶和华神。"

通过他接下来的告白，我们可以认识到祷告对我们大有益处的道理。"作为科学家，我经常用天文望远镜观察天上的星宿。同时我时常进到内屋，向创造天地的神屈膝而跪。那样我就能看到用世间望远镜所望不到的天上的荣耀。祷告是我灵魂的望远镜，使我能看到肉眼所看不到的世界。"

祷告是能够从天求得一切财宝的管道，具有无限的价值。许多人藉着祷告寻见神，亲历人生的奇妙变化。

图文专栏 27

第三章

神所喜悦的祷告

显出祷告榜样的耶稣

神所喜悦的祷告要领

路加福音22章39至44节

"耶稣出来,照常往橄榄山去,门徒也跟随他。到了那地方,就对他们说'你们要祷告,免得入了迷惑。'……耶稣极其伤痛,祷告更加恳切,汗珠如大血点,滴在地上。"

显出祷告榜样的耶稣

恰到好处的沟通技巧,对人际关系非常重要。按照时间、场合、对象,说话要符合礼仪、使人心生好感、令人感动欣慰等,有各式各样的表达方式。然而祷告是人与神交流沟通的方式,祷告时的样貌和心态应该是怎样的呢?神是万物的主宰,祂是我们的父,故我们当献上神所喜悦和满意的祷告。体贴神意,献上神喜悦的祷告,神必照着我们所求的速速赐允。

路加福音22章39至44节记载为了给世人开启得救之路,背负十字架的前夜,耶稣在客西马尼园祷告的情景。指明祷告时的姿态和心态。那么,耶稣究竟靠着怎样的祷告背负那沉重的十字架,胜过仇敌魔鬼、撒但的呢?又是做了怎样的祷告,得神喜悦,甚至天使从天上显现,给祂加添力量?

照常祷告

神教导我们要"不住地祷告"(帖撒罗尼迦前书5章17节),应许说"你们祈求,就给你们"(马太福音7章7节)。所以我们时常祷告祈求乃是理所应当,可人们往往随心随意,遇难题才会求神帮助。耶稣照常往橄榄山去祷告(路加福音22章39节);但以理一日三次在神面前祷告感谢(但以理书6章10节);耶稣的首徒彼得和约翰也是定时上圣殿祷告(使徒行传3章1节)。

为什么要将祷告养成习惯?有规律的饮食习惯有益健康。经常过食，或不规则的饮食习惯，导致脾胃损伤，引起身体虚弱。信仰和祷告也是同样。祷告让我们从神得赐属灵能量，胜过世界；供应我们治控仇敌魔鬼、撒但的力量。就像按时定量进食，补充肉体所需的能量，我们要照常祷告，好让属灵能量源源不断补充进来。

相反，祷告若没有养成习惯，则无法从神得赐恩典和能力。这样一来，圣灵的充满渐消，内心变得苦闷，终究失守，易被诱惑所胜。在任何环境下，不住地祷告就能蒙神作工预防试探，即使试探临身，也能靠着积蓄的属灵能量，击退撒但诱惑，过上得胜的生活。

我们应效法耶稣，要养成照常按时每天祷告的习惯。尤其用祷告开启一天，向神交托一切的凌晨祷告和用祷告作为一天的结束，感谢神看顾保守之恩的睡前祷告，是神所甚喜，大得能力的祷告。

屈膝祷告

跪姿不仅使人摆正心态，也是表达敬意的方式。所以屈膝向神祷告是理所当行的。神子耶稣祷告，也是谦卑屈膝在神面前。所罗门王（列王纪上8章54节）、使徒保罗（使徒行传20章36节）、司提反执事（使徒行传7章60节）都是跪着祷告神。

在父母面前，或在这世上的掌权者面前，我们自然会谨慎加谨慎，深怕失误犯了不敬。何况在神面前祷告祈求，更不能容忍散漫的姿态。向神屈膝下跪是表达我们的敬畏之心、信靠之意。所以我们祷告要身姿端正，谦卑跪膝。

当然，像坐在圣殿的长椅上祷告时那样，也有不便下跪的场合。这种情况坐着祷告也无妨，但只要有条件，还是跪姿祷告为宜。但这样的祷告功夫并非一朝一夕的事，跪膝祷告的时长需要逐步加增，等养成了习惯，跪着祷告一两个小时也毫不费力。

合神旨意的祷告

耶稣背负钉十字架的前夜，向神祷告："不要成就我的意思，只要成就你的意思。"（路加福音22章42节）耶稣参透神的旨意，知道神要藉着祂将世人领入得救之路，所以不求自己的意思得成，惟求神的旨意全然成就。

然而，现在的人们祷告，往往祈求照着自己的意思成就，所以求也得不到。有的人祷告"神若应允我所求，我定会如何如何"；有的人完全按照自己的意思祷告后，竟也宣称"相信必成就"。如果久久不见应允，就会心生不满开口抱怨。

显然这不是凭信所求的，因为他们所求是出于贪心，所以求也得不着（雅各书4章2、3节）。若要从神蒙允，必须献上向神交托的祷告。祷告向神交托的人，因着相信神使万物都互相效力，让爱神的人得益处；神是赐上好福分的父，任何结果都能感恩接受，不失喜乐。如此，祷告祈求，完全向神交托时，神必指引最佳道路。

尽心尽力祷告

路加福音22章44节："耶稣极其伤痛，祷告更加恳切，汗珠如大血点,滴在地上。"经文告诉我们耶稣祷告何等恳切。逾越节前后夜里的寒意还在,祷告恳切要到什么程度,才会有汗珠如大血点,滴在地上啊!

为何非要这样尽力恳切呼求呢?创世记3章17节说:"你既听从妻子的话,吃了我所吩咐你不可吃的那树上的果子,地必为你的缘故受咒诅。你必终身劳苦,才能从地里得吃的。"经文是说,人类被咒诅之前,在伊甸园得享神所赐的一切丰丰足足,但行了悖逆,罪就进到里面,与神绝了沟通,汗流满面付出劳苦才得糊口。

生活所需都要用流汗的辛劳换取,求靠人的能力办不到的,要如何做呢?当然,向神祷告必须呼求,多多辛苦流汗才能得着。若要收成,流汗的辛劳是不可避免的。我们向神祷告,也要像耶稣那样极其恳切,尽心尽力。

神所喜悦的祷告要领

至此,查考了耶稣是如何祷告的。具备一切权柄的耶稣尚且做出如此祷告的榜样,我们应以怎样的姿态向神祷告呢?

从耶稣祷告的样式,我们得知姿势对专心祷告非常重要。从祷告姿势中,可以看出祷告人的心态。祷告神从天降火,让以色列百姓悔改的以利亚,屈身在地,将脸伏在两膝之中(列王纪上18章42节),迫切向神祈求,求得降雨,结束持续三年半之久的严重旱情。因使尽浑身之力恳切祷告,引起胃肠痉挛,绞痛让以利亚不知不觉将脸伏在两膝之间。这样真切的祷告才能感动神，从神得允，大大荣耀神。

祷告要发自由衷

由衷的祷告，即为尽心尽意尽性尽力祈求之意。须摆正姿势，专心恳切地祷告。长时间祷告不一定就能献上由衷的祷告。时间长短并非关键，重要的是专心恳切。那么怎样祷告才算是由衷呢？要相信神随时注目向祂祷告的儿女，垂听儿女所求。这样祷告自然就会由衷而发。

要感怀神恩，先求神的国。不能单求自己所需的，而是要靠圣灵的感动，参悟神意，按照神的意思祷告祈求。祷告不可勉强，只有乐意祷告的人才能做到由衷。

由衷祷告时，真诚会直达神那里。神本为爱，祂愿意赐一切上好的给儿女。尽心尽意凭信所求，神怎能不应允？所以，我们祷告要由衷，信靠神无所不能的权能，得神的喜悦。

祷告要大声呼求

耶稣祷告极其恳切，汗珠如大血点滴在地上。从这里我们可以知道耶稣祷告时乃是竭力向神呼求。如果只是静静地默祷，不可能出现这样的现象。祷告呼求是神的意思。耶利米书33章3节："你求告（韩文圣经为呼求）我，我就应允你，并将你所不知道、又大又难的事指示你。"神这样应许，是因为呼求祷告时，才不会让杂念、疲倦、瞌睡趁虚而入，做到专注由衷向神祈求。

然而，如今人们以为静静默祷才是分别为圣、诚恳敬虔的表现，也有教会这样教导圣徒。当然，礼拜前早早来到殿里祷告预备，或者深夜祷告，都需小声求告，免得吵到近邻。如果不是这种情况，当呼求祷告，得神喜悦。教会史上彰显最大权能、成就最大奋兴的初代教会，当时教会圣徒们面对大逼迫向神呼求，被圣灵所充满，得神喜悦。如今也一样，凡向神呼求，谨遵神旨而行的教会，必有圣灵作工，奇事和神迹彰显，大得奋兴。

呼求祷告，意味着心怀恳切大声向神祈求。藉着这样的祷告，被圣灵所充满，仇敌魔鬼、撒但搅扰妨害的势力退去，所求蒙允，进而体验属灵的事。不光耶稣祷告极其恳切，尽心尽力向神呼求。古人先知呼求祷告从神蒙允的事例在圣经里也多有记载。

出埃及的以色列百姓得以藉着摩西凭信分开红海，走干地过去。经历了这般大神迹的百姓，在书珥的旷野，却因找不着水喝向摩西发怨言。于是摩西呼求耶和华神，彰显苦水变甜的神迹。民数记12章记载摩西的姐姐米利暗因毁谤受膏的神仆摩西，惹神震怒，长大麻风的事件。当摩西哀求："神啊，求你医治她！"神就医治了米利暗身上长的大麻风。

撒母耳记上7章9节记载："撒母耳就把一只吃奶的羊羔献与耶和华作全牲的燔祭，为以色列人呼求耶和华。耶和华就应允他。"违背神的吩咐，被吞进大鱼腹中的约拿，也是向神呼求，得获拯救

（约拿书2章2节）。

马可福音10章46至52节，耶稣同门徒并许多人出耶利哥的时候，有一个讨饭的瞎子巴底买，听见是拿撒勒的耶稣，就喊着说："大卫的子孙耶稣啊，可怜我吧！"

耶稣并没有斥责他"安静，我没有耳吗"？尽管不明真理的许多人责备那人，不许他作声。他却越发大声喊着说："大卫的子孙哪，可怜我吧！"耶稣喜悦他，见他所显确信，就治好了他。

司提反执事也是如此。在被人用石头打的危难关头，大声喊着说："主啊，不要将这罪归于他们！"（使徒行传7章59、60节）像这样呼求祷告时，得到圣灵充满，他成为耶稣基督的真实见证人，彰显圣灵的权能。祷告要大声呼求乃神的吩咐，汗流满面才得糊口是神定的公义法则，故流汗呼求祷告，才能从神蒙允。

有的人引用马太福音6章6至8节经文反驳"既然我们没有祈求以先，神知道我们所需用的，祷告时有必要呼求吗"？或反问"经文明明说要进内屋关上门，祷告在暗中的父，为何要呼求"？但圣经中找不到有谁进内屋关上门祷告的记录。进内屋关上门祷告的实意乃是叫我们献上肺腑由衷的祷告。进到隐秘安静的内屋，封上门，和外人外界的接触将被阻断。如此就像进内屋关上门，与外部断联一样，是要我们阻断所有心思杂念、属世忧愁，集中精力专心祷告。

耶稣当时的法利赛人和祭司爱站在路口上祷告，故意叫人看见，得人称赞。耶稣这样施教，就是告诫此等祷告神必不垂听。我们祷告不能故意做给人看，显耀自己，而是单单面向查验我们肺腑、看透我们境况的神；能够满足我们所求的万有之主，尽心尽意祷告祈求。

默祷，很难做到肺腑由衷。夜里闭上眼睛静静默祷，很容易有困意袭来，瞌睡打盹，和杂念争战累了就睡着了。耶稣并没有进到内屋祷告，而是上山整夜祷告神（路加福音6章12节）；天未亮起来，到旷野无人的地方去祷告（马可福音1章35节）。彼得上房顶去祷告（使徒行传10章9节），使徒保罗则在祷告场所祷告（使徒行传16章13至16节）。

如此做，就是为了尽心尽意向神呼求。若要献上攻破空中掌权的仇敌魔鬼、撒但的营垒，上达到神宝座的祷告，必须心怀恳切，尽心尽意尽力呼求。如此祷告时，方能被圣灵所充满，试探患难退去，大小问题得到解决。

祷告要凭信恳求

当我们打开心门，接待耶稣基督，就会有圣灵临到，恩膏我们作神的儿女。随着守主日为圣日，养成祷告的习惯，努力遵行神道，我们的信心渐渐长大。我们祷告祈求，神就照着各人的信心赐下应允。信心立于磐石，在任何环境都不动摇，凭信祈求时，神认可其信，赐允更大，使万事都互相效力，让爱祂的儿女得益处。

这样积累祷告，就能领受从天所赐的能力，弃掉罪恶，模成主形像，确知主的旨意，顺从遵行，得神喜悦。信心进入这样一阶段，"信的人必有神迹随着他们，就是：奉我的名赶鬼，说新方言，手能拿蛇；若喝了什么毒物，也必不受害；手按病人，病人就必好了。"（马可福音16章17、18节）这节经文就会应验在我们身上。

得备信心，除了靠自身的努力，还须从神得赐"活的信心"。神所赐的活的信心，是有行为伴随的属灵信心。为得到全备的信，满怀热心，谨遵教导，努力行道，殷勤祷告，神必赐下心里相信的活的信心，即属灵的信心。

这样自身努力和神所赐的属灵信心结合，我们就能靠着这满有能力的信即刻从神蒙允。祷告进行中，有时会有确信如火挑旺，这样的信是神所赐的，大有能力，可以看作是已经得了应允。因此，我们要一点都不疑惑，铭记经上说："凡你们祷告祈求的，无论是什么，只要信是得着的，就必得着。"（马可福音11章24节）直至心生确信不住地祈求，从而得着"无论求什么，只要信，就必得着"（马太福音21章22节）之福。

祷告要目标明确

植树育树的目的多种多样，有为得上好的木料的，有为收获果实的，有为造景观赏的。如果没有目的，树栽了也不会精心照料，弃之不顾。

做事目的分明，更有推进力，更快成事。反过来，目的不明确，做事难定方向，遇到小问题也会心生后悔，受挫半途而废。我们向神祷告，也应目标明确。神应许我们，若向神坦然无惧，我们一切所求的，就从祂得着（约翰一书3章21、22节）。

在神面前祷告时，所求若是明确，祷告就会更加恳切，忍耐更加持恒。知晓我们一切所需的神，喜悦我们无可指摘的心怀，赐福溢满。

祷告要满怀爱心

"人非有信，就不能得神的喜悦；因为到神面前来的人，必须信有神，且信他赏赐那寻求他的人。"（希伯来书11章6节）如经文所讲，相信自己所求必得应允，成为天上的赏赐，就不会觉得祷告是乏味辛苦的。就像耶稣为了让所有人得着生命恳切祷告那样，怀有爱灵魂之心，我们的祷告自然会变得恳切。

拥有真诚爱心的人凡事为人着想。神所喜悦的爱心祷告乃为"先求神的国和神的义"，接着为自己所服侍的牧者和圣徒代求。即使是这样的爱心祷告，其果效大小也要看祷告时的心怀。照常习惯性地祷告，表面上显得有爱心，实则并非。真心爱神，以饥渴慕义的心怀，为教会和牧者及众灵魂献上的才是真实的爱心祷告。即我们必须在心灵成全属灵的爱，领悟神的旨意，带着主人公意识为神的国祷告。

例如：为建堂祷告时，热爱主身体之圣殿的人，为建殿祷告，比为建造自住房屋求得还要尽心尽意尽力。为建殿所需地皮和资金、承建工人和建筑技术等，带着热爱圣殿的情怀逐项恳切祷告。

为灵魂祷告也是这样。爱人如己的属灵之爱成全在心里的人，把别人的问题当成自己的问题，会设身处地为人代求所需。为自己所服侍的牧者祷告时，因体贴惟愿主的旨意全然成就、切盼众灵魂尽皆活出神真理之道的牧者焦切心怀，便可以献上神所喜悦的祷告。

耶稣以爱神、爱全人类的心肠，为成就神的旨意，竭尽全力恳切祷告。靠主宏恩，得救之路为我们敞开，作神儿女的权柄为我们赐临。

攻克苦难的方法

圣经中多处记载有遭遇苦难，身陷困境之时，越发依靠神，凭靠祷告攻克得胜的人物与事件。

信仰之人当中，有的人一旦碰到自己能力以外的难题，就变得消沉沮丧，甚至放弃祷告。相反，也有人在苦难中向神仰望祈求，从上头得赐平安和安慰，化解难题。

当有人问莫尔斯电码符号的发明者塞缪尔·莫尔斯："实验过程中是否因不知到做什么而中断实验？"他回答说："是的，有过多次。"那人又问："这种情况，您是怎么做的？用什么方法化危机为转机？"他答道："每次我都祈求神'赐下恩光'。"

遭遇苦难，身陷困境之时，越发依靠神，凭靠祷告攻克得胜的人圣经中多有记载。例如使徒保罗，他因在苦难中更加感谢神恩，解决一切难题，在基督教史上留下丰功伟绩。他原是彻彻底底的犹太教徒，见人们追随不起眼的小地方——拿撒勒一个木匠之子，将其认作弥赛亚，就怀怒泄愤带头逼迫基督徒。

后来得遇自己极力逼迫的耶稣后，认罪悔过，一心遵从耶稣基督。保罗在传福音的过程中数次被打，屡次冒死，多次被下监牢（哥林多后书11章23至28节）。有一次传福音被抓，被下在内监里。保罗在监狱里祷告唱诗赞美神时，神彰显奇事，使地大震动，监门全开，锁链松开（使徒行传16章25、26节）。

"你们中间有受苦的呢，他就该祷告；有喜乐的呢，他就该歌颂。"（雅各书5章13节）。

第四章

总要警醒祷告，免得入了迷惑

祷告乃灵魂的呼吸

警醒祷告之由

心灵固然愿意，肉体却软弱了

警醒祷告时所蒙之福

马太福音26章40、41节

"来到门徒那里,见他们睡着了,就对彼得说'怎么样?你们不能同我警醒片时吗?总要警醒祷告,免得入了迷惑,你们心灵固然愿意,肉体却软弱了。'"

祷告乃灵魂的呼吸

神就是爱，祂愿儿女常蒙祝福。为此将保惠师圣灵差到世上，以助儿女胜过世界，得享幸福生活，蒙获全备的救恩。耶利米书29章11、12节："耶和华说：我知道我向你们所怀的意念，是赐平安的意念，不是降灾祸的意念，要叫你们末后有指望。你们要呼求我，祷告我，我就应允你们。"

所以，我们要得享平安，满怀盼望生活，必须不住地祷告。时常警醒祷告的人，必蒙祝福，远离试探，使不可能变为可能。不呼吸人就会死，同样，领受圣灵的神儿女，必须不住地祷告，灵里呼吸不止，里面的灵才会活泼旺盛。帖撒罗尼迦前书5章17节说要："不住地祷告。"撒母耳记上12章23节则言：停止祷告也是罪。

对初来教会的人而言，或许祷告并不轻松。当接待耶稣基督领受圣灵之时，我们因着从亚当遗传的原罪而死的灵得以复生。此时的灵状态就好像刚出生的婴孩，做祷告实为不易。但坚持祷告，殷勤领受神道为粮，灵就会渐长，祷告越来越有力。到时就会切身体会到如停止呼吸人不能活一样，停止祷告灵不能活的真理。

想起小时候和小朋友比谁憋气更长。做几次深呼吸，最后吸满气息，听到喊"开始"，就屏住呼吸。一开始平静如常，但越往后越难受，后期脸涨得通红，最后达到极限，憋不住呼出气来。因为停止呼吸，人的确不能存活。

祷告也是一样。神的儿女停歇祷告,即灵里的呼吸停止,一开始或许感觉无所谓,但越往后越觉心里困苦烦闷。若能及时醒悟其因,诚心悔过,重启祷告,就会临到恩典和能力,恢复火热充满的信仰。但不知醒悟,继续停歇下去,心中苦闷会越来越加重,停歇时日越久,越难重启祷告,不易恢复火热信仰。

好像呼吸一样,祷告成日常的人,不会觉得做祷告是辛苦的事。按照所求的蒙神赐允降福,天国的盼望逐日加增,所以满心平安和喜乐。

警醒祷告之由

在客西马尼园,耶稣极其伤痛,祷告更加恳切,汗珠如大血点滴在地上。来到门徒那里,见他们睡着了,就对彼得说:"怎么样?你们不能同我警醒片时吗?总要警醒祷告,免得入了迷惑……"(马太福音26章40、41节)告诉我们停止祷告会入迷惑受试探。

为什么不祷告易受迷惑呢?神把起初的人亚当造成有灵的活人,使他能够与本为灵的神交通。但因犯悖逆的罪,亚当的灵死后,与神的交通断绝。无法与神交通的人被仇敌魔鬼、撒但所辖制,渐渐被罪恶所污染。

慈爱的神在万世以前已立定救赎计划,为全人类敞开得救之路。祂把独生爱子耶稣交于人手钉十字架,代赎我们的罪。叫凡接待耶稣基督认罪悔改的人,得获做神儿女的权柄,领受所赐的圣灵。

保惠师圣灵乃是神的灵,叫人为罪为义为审判,自己责备自己。我们的软弱有圣灵帮助,圣灵又亲自用说不出来的叹息替我们祷告,引导我们胜过世界(罗马书8章26节)。为了得到圣灵的帮助,随时被圣灵所充满,我们必须不住地祷告。祷告时圣灵用清晰的声音提醒,比如试探将至,祂会提前告知我们,及时预备应对。并且在受试探的时候,总要给我们开一条出路,叫我们胜过试探。

不祷告的人无法明确辩知神的旨意,随从贪欲而活。因自以为义,固执己见,常遭试探、患难,落入困境。违背神的旨意犯罪,必遭撒但控诉,试探难免,不得保守。

雅各书1章13至15节说:"人被试探,不可说:'我是被神试探';因为神不能被恶试探,他也不试探人。但各人被试探,乃是被自己的私欲牵引、诱惑的。私欲既怀了胎,就生出罪来;罪既长成,就生出死来。"

人遭试探,是因不祷告,不能分辨神的旨意,被自己的私欲所牵引,受了诱惑。神希望儿女不管处境如何,都要知足常乐(腓立比书4章11、12节)。私欲既怀了胎,就生出罪来。人犯了罪,仇敌魔鬼、撒但带去试探患难是必然的。

受试探明明是因己过所致,有的人却归错与神,好像试探患难是神所造成似的。这样向神发怨的人,绝对胜不过试探,更无缘"万事都互相效力,叫爱神的人得益处"。

经上说："将各样的计谋，各样拦阻人认识神的那些自高之事一概攻破了，又将人所有的心意夺回，使他都顺服基督。"（哥林多后书10章5节）"体贴肉体的就是死，体贴圣灵的乃是生命平安。原来体贴肉体的，就是与神为仇，因为不服神的律法，也是不能服。"（罗马书8章6、7节）。

因此，信神之前所掌握和记存的理念和知识，如果有违真理，必须果断弃绝破碎。若要破碎自我理念和计谋，顺从真理，最先要做的就是祷告。神有时对儿女施以惩戒，是为了阻止儿女犯罪走向灭亡；有时允准试探，是旨在引导儿女悔罪改过。当我们在神面随时查验自我深省己过，心怀喜乐和感恩祷告祈求，神必看重我们的信心，应允我们。

心灵固然愿意，肉体却软弱了

耶稣看见门徒祷告时睡着了，就叹息"你们心灵固然愿意，肉体却软弱了"（马太福音26章41节）。圣经中出现肉、肉体、肉体的事、情欲的事等词汇，就此查考这些词汇的灵意。首先，"肉"是与"灵"相对的，是一切腐朽变质的统称。真理没有成全在心的人以及植物、动物等，世间万物皆都包括其中。与之相对的"灵"则是永恒的，是真理。

亚当犯了悖逆的罪之后，所有人都遗传罪性而生，这就是"原罪"。成长过程中顺从仇敌魔鬼、撒但，违背真理的恶行叫作"自犯罪"。从仇敌魔鬼、撒但进入的罪性和被非真理所污染的人的身体结合，就称"肉体"。罗马书8章12、13节："弟兄们，这样看来，我们并不是欠肉体的债，去顺从肉体活着。你们若顺从肉体活着，必要死；若靠着圣灵治死身体的恶行，必要活着。"

"肉体的事"是肉体即罪性的分类，虚假、嫉妒、憎恨等虽然还未行出来，但随时都可能诱发行为的属性。心思意念上所犯的罪是"肉体的事"，这"肉体的事"显露为具体行动就叫"情欲的事"（加拉太书5章19节）。

那么，耶稣说肉体软弱是什么意思呢？并不是门徒身体虚弱之意。彼得、雅各、约翰都是捕鱼出身，身体壮实。整夜捕鱼都累不着的人，少睡几小时根本不成问题。

尽管这样，他们还是没能遵从耶稣"和我一同警醒"的叮嘱，不胜倦怠睡着了。心里愿意祷告，但无力胜过贪求安逸的肉体欲望。所以耶稣说他们肉体软弱。作首徒的彼得蒙耶稣厚爱，但耶稣被抓，自己的生命受到威胁，竟三次不认耶稣。因为当时的彼得还未领受圣灵，显然是被恐惧所胜。

但领受圣灵之后的彼得，却是坦然无惧。他使死人复生，彰显各种奇事和神迹，最后被倒挂十字架殉道。过去懦弱胆怯的彼得改变为无所畏惧、大有权能的使徒。

耶稣被钉十字架流尽血和水，打破仇敌魔鬼、撒但的死亡权势，代赎我们一切疾苦、贫困，以及软弱。显信遵从神的教导而活，我们就可以得享灵肉健康，难题获解，在人不可能之事也完全可以成就。

偶见做错事不懂悔改，用"肉体软弱"这样的托词合理化自己行为的人。这都是对真理缺乏认识所致的。假设：父亲给了儿子一百万，儿子把钱入口袋忘得一干二净，出门在外竟然因没钱买吃的忍饥挨饿。父亲知道了该有多么着急心疼。同理，领受圣灵的神儿女说自己"肉体软弱"极不合适，因为靠着圣灵的帮助，我们凡事都能。

也有一到晚上十点就不胜困倦必须睡觉的圣徒，却可以参加彻夜礼拜，依靠圣灵的帮助，满心火热充满地敬拜神。被圣灵所充满时，灵感清晰，心里临到喜乐，忘记疲倦，全身轻盈，活力充沛。

所以，生活在圣灵时代的我们，绝不能以"肉体软弱"为由停歇祷告或犯错犯罪。

警醒祷告时所蒙之福

彼得前书5章8、9节："务要谨守、警醒，因为你们的仇敌魔鬼，如同吼叫的狮子，遍地游行，寻找可吞吃的人。你们要用坚固的信心抵挡它……"空中掌权的仇敌魔鬼、撒但遍地游行，想尽办法诱惑神的儿女远离神、阻挠建立信心。

一个人想要徒手把树连根拔起，必会先试着摇一摇。如果根深蒂固，纹丝不动，就会放弃，换个目标。一旦摇得动，看出有拔起的可能性，就会加大力量猛摇力拔。

同理，仇敌魔鬼、撒但迷惑人时，见人毫不动摇，便知难而退。但只要看出有一点动摇，就趁虚而入，不断加以试探，千方百计绊倒人。我们必须看破仇敌魔鬼、撒但的诡计，及时击退。同时为了活出神道就近光明，我们必须不住地祷告，从神得援能力。

耶稣按照神的旨意，能够完成所有圣工，正是靠着祷告之力。开展圣工之前，禁食四十天，传道期间一有机会就祷告神，大显神的作为。传道生涯结束之际，在客西马尼园，耶稣极其伤痛，祷告更加恳切，汗珠如大血点滴在地上。靠着这样的祷告，耶稣背负十字架，最终打破死亡权势，复活得胜。

神吩咐"你们要恒切祷告，在此警醒感恩"（歌罗西书4章2节），"万物的结局近了，所以你们要谨慎自守，警醒祷告"（彼得前书4章7节）。教导我们，祷告要说"不叫我们遇见试探"（马太福音6章13节）。

这样警醒祷告时，圣灵必会指引正道。努力做成弃罪的工夫，我们的灵魂渐得兴盛，不断模成耶稣基督的心怀，从而临到凡事兴盛身体健壮之福。警醒祷告，力行神道的人，正如约翰一书5章18节所讲："……从神生的，必保守自己（有古卷作"那从神生的必保护他"），那恶者也就无法害他。"仇敌魔鬼、撒但不敢接近。

帖撒罗尼迦前书5章23节："愿赐平安的神亲自使你们全然成

圣。又愿你们的灵与魂与身子得蒙保守,在我主耶稣基督降临的时候,完全无可指摘。"所以,我们要时刻警醒祷告,靠着圣灵的帮助,各样的恶事禁戒不做,造就神所期待的无可指摘的圣洁心灵。从而入也蒙福出也蒙福,尽享作神儿女的权柄。

我们当信靠谁?

当我们信靠神,
神必与我们同在,
我们的人生将常伴神话
一样的奇迹。

将来的事,人不能确知,正因为这样,很多人都对自己的未来感到不安。

箴言20章24节:"人的脚步为耶和华所定,人岂能明白自己的路呢?"掌管人类生死祸福的,惟有全知全能的神。凡信靠祂的人,前程必然平安稳妥。

一个男孩,出生在美国纽约的一个家庭。在他十一岁时,他的父亲对他说:"只要你信靠上帝,上帝就与你同在,使你的人生如同神话般奇迹常伴。"从那时候起,他诚心信靠神,敬虔信仰。患上脊髓灰质炎症,高烧、疼痛、麻木以及终生残疾的未来,并没有使他放弃理想和信念。在美国历史上最为艰难的时期,他当上总统,尽职尽责,成为名垂青史的伟大人物。他就是美国第三十二任总统——富兰克林·罗斯福。

面对困境,最确实有效的作法,就是依靠神,凭信而行。圣经记载依靠耶和华神,在战争中取得大胜的王的事迹。当邻国联合入侵之时,约沙法王并没有依赖自己的军队。因他清楚没有神的帮助,拥有再强大的军队,也必败无疑。他定意寻求神,并向所有百姓宣告禁食。

见他显信,神就说:"这次你们不要争战……看耶和华为你们施行拯救……"于是,约沙法王设立歌唱的人颂赞耶和华,使他们穿上圣洁的礼服,走在军前。众人感恩唱歌赞美的时候,神大显作为,使敌方联军陷入大混乱,彼此自相击杀,全军覆没,没有一个逃脱的。如此,信靠顺从神的人,必会得享凡事上得胜有余、福杯满溢的生活。

第五章

义人祈祷所发的力量是大有功效的

出于信心的祈求能叫病人起来

义人的祈求大有功效

神赋予的恩赐和权能

雅各书5章16至18节

"所以你们要彼此认罪,互相代求,使你们可以得医治。义人祈祷所发的力量是大有功效的。以利亚与我们是一样性情的人,他恳切祷告,求不要下雨,雨就三年零六个月不下在地上。他又祷告,天就降下雨来,地也生出土产。"

出于信心的祈求能叫病人起来

回想走过的岁月，有过在苦难中流泪祷告，蒙神应允，喜乐赞美神的经历（雅各书5章13节）。也有为病患中的教友同心合意代求（雅各书5章14节），人力不及之事，藉着出于信心的祈求，从神求得应允，将极大荣耀归与神的见证。

希伯来书11章1节说："信就是所望之事的实底，是未见之事的确据。"信心分为属肉的信心和属灵的信心。属肉的信心只信自己想信的，生活上得不到变化。相反，属灵的信心是信靠活神大能，即使不合自己的意思和看法，也照样信从经训神道。因着相信从无造有的神之作为，生活得到更新变化，亲身体验"在信的人凡事都能"的应许，亲历奇事和神迹。

耶稣说："你若能信，在信的人，凡事都能。"（马可福音9章23节）又应许："所以我告诉你们：凡你们祷告祈求的，无论是什么，只要信是得着的，就必得着。"（马可福音11章24节）

那么，我们怎样才能拥有属灵的信心，亲历神的大能？正如哥林多后书10章5节所说，我们必须"将各样的计谋，各样拦阻人认识神的那些自高之事一概攻破了，又将人所有的心意夺回，使他都顺服基督"。也就是说不能固执己见自以为义，而要破碎违背神道的一切心意和计谋，谨遵真理而行。攻破与神为仇的肉体的想法，尽力脱去非真理，灵魂就会渐得兴盛，属灵信心从神赐临。

信心有大小，人人各异（罗马书12章3节）。起初经人传道，接待耶稣基督之时，信心小得如芥菜种。但认真聆听神道，不住地祷告，努力行道，属灵信心就会渐长。信的人必有神迹随着（马可福音16章17节）。惟有这样出于属灵信心的祈求，才能叫病人起来。家中有仆人害瘫痪病受苦的百夫长，拥有只要耶稣说一句话，仆人就必好的信，当耶稣对他说"照你的信心，给你成全了"，那时他的仆人就好了（马太福音8章5至13节）。

坦然无惧，凭着信心求，一点不疑惑，就能亲历神的作为。正如雅各书1章6、7节所讲："只要凭着信心求，一点不疑惑；因为那疑惑的人，就像海中的波浪，被风吹动翻腾。这样的人不要想从主那里得什么。"神喜悦不偏左右的坚定的信心。

祈求再加上爱心，功效更大。彼此认罪，互相代求病愈（雅各书5章16节）时，神必施恩赦罪、医治。如此，出于属灵信心和属灵爱心的祈求，能够求得神大能的作为。

义人的祈求大有功效

始祖亚当悖逆，罪即入了世界（罗马书5章12节）。因为世人都犯了罪，亏缺了神的荣耀（罗马书3章23节）。所以神预备了因信耶稣基督而称义的道路。正如罗马书3章24节说："如今却蒙神的恩典，因基督耶稣的救赎，就白白地称义。"凡接待耶稣基督作个人救主的人，便可罪得赦免，领受所赐的圣灵，蒙神称义。

这样靠神恩典得称为义的人，必须摆脱罪的捆绑，结出圣洁之果。离弃有悖于神道的非真理，遵从真理而活，努力造就为名实相符的义人。这样具备行为伴随的信心，为活出神道不断做出努力的人，神称其为义，允其所求。

路加福音18章1至8节中有不义之官的比喻。内容是这样：不惧神的不义的审判官，因寡妇求得执着恳切，就给寡妇伸冤。讲完比喻，耶稣说："神的选民昼夜呼吁他，他纵然为他们忍了多时，岂不终久给他们伸冤吗？我告诉你们：要快快地给他们伸冤了。"（路加福音18章7、8节）

然而，昼夜呼求，彻夜礼拜，频频禁食，仍不见应允的现象，在我们周围时有出现。其因就是还未具备神所认可的称义资格。参加教会礼拜，热心为神家做事，并不一定就是义人。在教会热心，回到家里和兄弟不睦，对父母不孝的人，怎能从神得到应允。神所认可的义人，必是效法耶稣的人，定是拥有善美心灵，一心遵照神旨而行的人。他们献上的祷告馨香神所喜悦，因此所求速蒙应允。

"应当一无挂虑，只要凡事藉着祷告、祈求和感谢，将你们所要的告诉神。神所赐出人意外的平安，必在基督耶稣里保守你们的心怀意念。"（腓立比书4章6、7节）

神赋予的恩赐和权能

灵魂得以兴盛,造就合神使用的器皿之时,神引导我们顺着圣灵祈求,降下恩赐(哥林多前书12章1至11节)。"恩赐"乃神白白所给的,是在神的爱里成就的特别作工。恩赐临到合神心意之人,旨在为永生的神作见证,拯救众灵魂。故必须在圣灵的感动中使用"恩赐"。而且求"恩赐"之前,先要为在神面前得称为义付出努力。

信之典范古人先知,也各有蒙神使用之处。有大行能力的;也有能力未显,专说预言、专门讲道的。信心和爱心越全备,神所赋予的恩赐和权能也越大,使其越能够彰显神的荣耀。

作埃及王子之时,摩西性情火爆,见一个埃及人打同族弟兄,义愤填胸打死那个埃及人。然而经历诸多熬炼之后,变得极其谦和,胜过世上的众人,得赐大权能,彰显各种奇事和神迹,成为带领以色列百姓出埃及的领袖。

"以利亚与我们是一样性情的人,他恳切祷告,求不要下雨,雨就三年零六个月不下在地上。他又祷告,天就降下雨来,地也生出土产。"(雅各书5章17、18节)还有,他祷告,已死的孩子复活;他祈求,火从天降。

照此,义人祈祷所发的力量是大有功效的。带着信心和爱心,不辞辛苦祷告祈求,神必垂听,赐予各种恩赐和权能,使其将荣耀归与神。当然，我们并非一开始就得称为义。乃是接待耶稣基督后，因信称义。如此，刚刚蒙获救恩，白白得称为义，进而藉道醒罪，脱去非真理，灵魂越来越兴盛，义人之名也就越来越配称。

  在光明中行，按照公义而活，我们便可称义。我们要效法使徒保罗，天天治死老我，不断得到更新再造。希望圣徒们回顾走过的岁月，省察是否有罪墙与神隔绝。为了得神称义，我们必须凭信顺从，付出爱心，舍己为人，按照公义殷切祷告神，常享通达之福。

Column View 图文专栏

母亲的祷告

祷告时所持的心态，
会影响应允的快慢。

继艾滋病、癌症之后，异位性皮炎也是现代医学有待解决的重大课题。这种病除了瘙痒还伴有呼吸困难，严重时甚至会出现休克。

因尝试各种疗法仍不能根治，有的人甚至选择移民海外，希望改换生活环境能治好这种病。

孩子因异位性皮炎奇痒难耐，彻夜不眠。做妈妈的看在眼里痛在心里。生怕下手重了挠破出血留下疤痕，妈妈就小心翼翼地给孩子抓痒。在妈妈温暖呵护下，孩子酣睡过去，整夜未眠的妈妈向天献上这样的祷告：

"神啊！我知道儿女患病，大多是因父母的罪过所致。是我信仰不够虔诚，害得孩子受苦遭罪，求神宽恕我。在我信心软弱时，您一定心焦哀恸。我会更加显信而行，盼望天国，发奋努力。"

如此，从养育儿女的为母之心去感受对我们满心期待的神之心怀，对儿女患病不但没有一丝抱怨，反而会献上感恩祷告。时刻注目的神必受感动，速速赐允降福。

相反，同样的处境下，做母亲的为病患中的孩子祷告，心里却抱怨："孩子总是患病，到底是为什么？"这样神岂能应允？同等遭遇，根据祷告时的心态，或加快成全或拖慢应允。全知全能的神垂听善意的祷告，喜悦出于信心的祈求，用祂的大能应允所求一切（雅各书5章16节）。

第六章

同心合意祈求的功效

同心合意祈求神乐意垂听
同心合意祈求的意义
同心合意祈求的方法
同心合意祈求的功效

马太福音18章19、20节

"我又告诉你们:若是你们中间有两个人在地上同心合意的求什么事,我在天上的父必为他们成全。因为无论在哪里,有两三个人奉我的名聚会,那里就有我在他们中间。"

同心合意祈求神乐意垂听

人多力量大，多人合作共事，总比一个人单枪匹马奋斗成果更佳。宣扬爱人如己和教会彼此合一的基督教，应当在这方面做出榜样。

传道书4章9至12节："两个人总比一个人好，因为二人劳碌同得美好的果效……再者，二人同睡，就都暖和；一人独睡，怎能暖和呢？有人攻胜孤身一人，若有二人便能敌挡他；三股合成的绳子不容易折断。"照此，圣经教导我们心意凝聚联合之时，能够获得大能力、大喜乐。

祷告！有个人思想神的道而献的祷告，也有众人聚会呼求的祷告。马太福音18章19、20节中，强调圣徒同心合意祷告的重要性。"同心合意的求"指的是多人聚会凝聚心志祷告。神应许，我们中间有两个人在地上同心合意的求什么事，在天上的父必为我们成全。并承诺有两三个人奉神的名聚会，那里就有神在我们中间。如此圣经告诉我们神喜悦我们同心合意的向祂祷告祈求。在家，在教会、机关、区域同心合意所求若要得到应允，荣耀神，我们该怎么做？我们要确信并切记"同心合意"的意义和方法，以及其功效，尽心尽意为神的国和神的义恳切祷告。

同心合意祈求的意义

马太福音18章19节说:"我又告诉你们:若是你们中间有两个人在地上同心合意的求什么事,我在天上的父必为他们成全。"经文中"两个人"除了人数,还包含着属灵的意义。就是我们各人当在圣灵里祷告(犹大书1章20节)。"在圣灵里祷告"为何意呢?圣灵是三位一体神其中一个位格,与神心意相同,又具备独立的人性。例如我们在真理中行,祂就喜悦,陷在罪中之乐,祂就哀痛等。圣灵内住已获救恩的圣徒心里。"在圣灵里祷告"意味着我们的心意和圣灵的旨意合而为一,即两心合一向神祈求。

这样同心合意献上祷告时,主必为我们代求中保,而且神也速速应允。若要献上如此大有功效的祷告,必须参悟圣灵的旨意,按照圣灵的引导祈求。为此,必须造就灵心。建造灵心越完全,即在世注入的非真理和罪恶除得越净,圣灵的提醒引导越是清晰,使我们知晓祂的旨意。当我们这样聆听圣灵的声音,顺从祂的带领之时,圣灵的感动、感化、充满将临身,我们的心意和圣灵的旨意自然合而为一。

在圣灵里祷告时,不会动用肉体的意念,更不会随从贪欲而求。单单在真理里面,恳求按照蒙神所赐的心愿、按照神的方法成就。这就是属灵意义上同心合意的祷告,这样祷告所发的力量大有功效。

同心合意祈求的方法

神喜悦我们同心合意的求，速速应允，大显作为。祷告时和圣灵同心合意的求，可以像以利亚那样求得降火，尽情为神作见证。所以，同心合意祈求非常重要。

想象一个人事奉两个主会怎样，忠诚和服侍之心必减半。若是二主的性格和趣味相对相克，问题就更大了。还有，两三个人共谋一事时，若心怀不同，意见不合，那么所谋之事注定以失败告终。这话一点也不为过。同样，不管是独自祷告，还是两个人或多人一起祈求，是否与圣灵同心合意乃是蒙允之关键。

因此，同心合意祈求的人必须得到圣灵的感动和充满（以弗所书6章18节）。圣灵与神心意相合，神深奥的事也参透（哥林多前书2章10节），圣灵照着神的旨意替圣徒祈求（罗马书8章27节）。所以，顺从圣灵的感动和引导祈求，必蒙神的应允，心愿得到成全。

信仰刚刚迈步或没有持恒祷告的人，会觉得同心合意的求难度较大。一个小时的祷告时间，也会觉得无聊漫长，勉勉强强挤出一些内容应付，巴不得快点结束。这样动用人意，任意随便，就成了意念上的祷告、魂的祷告。这种祷告没有圣灵的充满，容易杂念丛生，疲惫倦怠。所以时间久了求不下去，祷告时还总说重复话，过后连自己求过什么都不记得。

这样求，神不会应允。久信的人当中也有依旧在魂里祷告的现象。因久久求不到而抱怨、沮丧，就是因为在魂里祷告。不是神掩耳不听，而是按照公义不能应允。

有的人或许认为"得不到圣灵的感动，是不是没必要祷告"？错了！即使是出于人意的祷告，只要认认真真尽力呼求，便能逐渐进入状态，从天得赐能力，终能献上灵性的祷告。不祷告，永远得不着能力。魂的祷告神照样垂听，祷告量日积月累，公义满足得赐能力，与圣灵联合，按照圣灵的感动祈求之时，过去所求的都能从神得允。

比方说，儿子不合父亲心意，不得父亲喜欢，向父亲求什么都得不着。但若改变成讨父亲喜欢的儿子后，父亲对儿子的态度会有什么变化呢？定是有求必应，只要力所能及，连儿子从前所求的都愿意给予。神的心意也是如此。

马太福音18章20节说："因为无论在哪里，有两三个人奉我的名聚会，那里就有我在他们中间。"领受圣灵的众人同心合意的祈求时，主会感动各人的心，使每个人在圣灵里合一，心意联合，献上神所喜悦的祷告。所以众人聚会一起祷告，在圣灵里面完全可以做到一心一意献上爱心祷告。

但各人若不聚合心意，即便求同一个目标，祷告也达不到同心合意。众人一起祷告时，若会众心意没有聚合，主持人应火热充满领唱，引导会众认罪悔过，在圣灵里聚合为一。

在圣灵里合一祈求，被圣灵所充满，喜乐临到心里，就会萌生得允确信。当我们被圣灵所充满，用灵祷告之时，疲惫全消，倦意、杂念无从钻空，可以凭信喜乐祈求。

同心合意祈求的功效

圣经说在圣灵里祷告，大有功效。所以，两、三个人或是更多的人在圣灵里同心合意祷告，所发的力量更是大有功效。使徒行传1章12至15节说："这些人同着几个妇人和耶稣的母亲马利亚，并耶稣的弟兄，都同心合意的恒切祷告。那时，有许多人聚会，约有一百二十名，彼得就在弟兄中间站起来……"他们渴慕领受耶稣所应许的保惠师圣灵，同心合意的恒切祷告，直至五旬节。

"五旬节到了，门徒都聚集在一处。忽然，从天上有响声下来，好像一阵大风吹过，充满了他们所坐的屋子；又有舌头如火焰显现出来，分开落在他们各人头上。他们就都被圣灵充满，按着圣灵所赐的口才说起别国的话来。"（使徒行传2章1至4节）

这是何等奇妙的神的作为啊！同心合意恒切祷告的一百二十多人都领受了圣灵，圣灵如火临到他们各人，使他们说起了方言。而且使徒们也大得能力，那一天听彼得讲道，受洗成为门徒的人约有三千（使徒行传2章41节）。又因使徒行了许多奇事神迹，得救的人数天天加增，圣徒得到更新变化（使徒行传2章43至47节）。

如此，藉着同心合意的祷告，我们可以得赐讲道之能，能使盲人见光、瘫子治愈行走、让死人复活、医病赶鬼,将极大荣耀归与神。

因希律(希律亚基帕一世)对基督教的逼迫,十二使徒中,雅各第一个殉道,被处斩首。使徒行传12章5节记载:"于是彼得被囚在监里,教会却为他切切地祷告神。"众圣徒同心合意为彼得切切祷告,神就差天使救出彼得。

"希律将要提彼得出来的前一夜,彼得被两条铁链锁着,睡在两个兵丁当中。看守的人也在门外看守。"然而,神奇的事发生了,锁住彼得的铁链从他手上脱落下来,锁住的铁门自己打开(使徒行传12章1至10节)。彼得从监狱里出来,"就往那称呼马可的约翰,他母亲马利亚家去,在那里有好些人聚集祷告。"彼得所经历的这一奇迹,无疑是众人聚集同心合意祈求的果效。教会为狱中的使徒彼得所做的只是组织圣徒齐心合意恳切代祷。

照此,教会遇到困难、圣徒遭遇难处之时,不可动用人意,也不必忧心愁烦,只要相信神必作工显应,齐心合意切切祷告。神乐听众人同心合意的祷告,愿意应允所求一切。进而众心合意、众口同声为神的国和神的义祈求时,神的喜悦该有多大可想而知。

当然,聚会祷告的人数并不是同心合意祈求的要点。聚会中的各人都要依靠一灵——圣灵的引导,带着相同的目的,满怀热心参与祷告。祷告时心不在焉,说重复话,满脑杂念,瞌睡打盹,神必不喜悦。同心合意的求,核心要点就是圣灵。聚会中的各人听从圣灵的引导，在圣灵里合一而求，才是同心合意的实意。

多人同心，圣灵充满，用灵祷告，必能亲历神的大作为。且能得赐从上而来的能力，活出神道，尽情拓展神的国度。希望每一个肢体都能热心参与奉耶稣基督之名祷告的聚会，常常体验同心合意祈求所发的功效，得获祷告的能力，成为见证永生神的宝贵工人。

"尝尝主恩的滋味,便知道祂是美善"

我以无数禁食和祷告
撒种栽种。
越是栽种,
越是有感恩之事加添,
天天有美福临到。

对从未尝过橘子的人,再怎么仔细描述,也无法确切了解其味道。信仰也是这样,惟有亲身经历过,才能正确地认识神、了解圣经。

有一天,一个青年专程去见著名布道家穆迪牧师。

"牧师,您珍爱圣经神言,一生谨遵经训而活,您是令人敬佩的信仰之榜样。我很想一睹您的圣经。"那本圣经处处都是用彩笔划线的标记,密密麻麻都是默想启悟的笔记。而且"T.P."字样随处可见。

青年问穆迪牧师:

"牧师，这些字样是什么意思"？

穆迪牧师笑眯眯地答道：

"这是经测试（Test）得到验证（Proof）之意。"

诗篇34篇8、9节："你们要尝尝主恩的滋味，便知道他是美善，投靠他的人有福了！耶和华的圣民哪，你们当敬畏他，因敬畏他的一无所缺。"

敬畏神，且遵从神教导的人，必得尝神恩的滋味，知道祂是美善，随时亲历活神奇妙作为。种豆得豆种瓜得瓜乃是自然界的法则，同样，神与人之间也有属灵界的种收法则（加拉太书6章7节）。

就像农夫为了收成，种植麦子、大豆、红豆、小米、玉米等各样谷物一样，在神家也可以用各种方式栽种。即用祷告和赞美、参加各种礼拜来栽种；还可以藉着救济、奉献供物，以及各种奉献金栽种。凡我们所栽种在神面前的，神全都纪念。自从得见神以后，我满怀感恩，用无数禁食和祷告栽种。越是栽种，越是有感恩之事加添，天天有美福临到。身为主仆，可以将蒙神所赐的财富，拿出大部分来做宣教和周济之用，想到在天国所承受的赏赐，我心只有感恩。

第七章

神所喜悦的禁食祷告

合神意旨的禁食才能求得应允
禁食祷告的功效
神所喜悦的禁食

以赛亚书58章6至9节

"我所拣选的禁食,不是要松开凶恶的绳,解下轭上的索,使被欺压的得自由,折断一切的轭吗?……那时你求告,耶和华必应允;你呼求,他必说 我在这里。"

合神意旨的禁食才能求得应允

人生在世，必有迫切求允的祷告题目。例如：实现心愿、疾病得医、难题获解，还有离弃罪恶、得赐能力荣耀神等等。在信的人会用定期祷告、彻夜祷告、禁食祷告等方式恳切向神求允。圣经也记载耶稣和信之典范古人先知，当有迫切求允事项之时，或为成就神的大计划和旨意禁食祷告（申命记9章9节；以斯帖记4章16节；马太福音4章2节）。

既然是在神面前禁食而求，我们必须得到应允。但并不是所有禁食祷告都能求得应允，必须是神所喜悦的禁食。为某种目的禁食祷告期间，除了能喝水，一切食物都当禁食，冒着生命危险向神恳切祈求。即便是肉体的父亲，只要力所能及，愿意应允儿女一切所求，何况慈爱的父神。见儿女冒死禁食恳求应允，岂能不管不问不听不允。

但有些现象，却让人感到惋惜。比如，好不容易完成长期禁食，却没能求来应允；过分禁食，伤及身体等。全知全能的神，岂是没有能力赐允儿女所求。而且再长的禁食，神完全可以保守儿女身体无损，甚至可以让儿女比禁食之前更加健康。

如果做了禁食祷告，也没能得允，问题依旧，那分明是有原因的。必定是所做的禁食祷告，不合神的旨意。别说是长期禁食，就是禁食一餐也必须合乎神意，惟有如此，应允才会速速临到。

禁食祷告的功效

圣经告诉我们，禁食祷告功效巨大。耶稣禁食四十天，从神得力，藉着十字架苦难，为人类预备救赎之路；摩西禁食四十天，从神领受十诫命；以斯帖禁食三日，使同族摆脱灭亡危机，让仇敌作茧自缚反遭杀灭，将极大的荣耀归与神。

还有，面对因罪而亡的危机，可以藉着禁食祷告得到饶恕等，禁食祷告既然是拼命而为，自然比一般的祷告功效更大，应允更快速。

神应许，"祈求，就给我们"，忍饥挨饿，甚至不惜舍命，求得这般恳切，神岂能不听。所以既然禁食是求医治疾病，就要得到病愈的结果；若是因试探患难而禁食，一定要收获击退得胜的果效；如果禁食的目的是求祝福得权能，就要看到蒙福之效、权能彰显。

神所喜悦的禁食

我们所做的禁食必须符合神的旨意，惟有神所喜悦的禁食祷告，才能从神得到应允。怎样禁食才能得神喜悦？一起来查考分享。

禁食日期和目的要合理

圣经中出现四十天、二十一天、三天禁食，各有适合天数的祷告题目。比方说，禁食四十天，为的是成就神的大旨意，而不是为私人利益或事业。以耶稣为例，为完成作为救赎主的大使命禁食四十天；摩西做四十天禁食，是因着所负大使命，为神的百姓领受十诫命。

禁食二十一天，也不是为一己之利，是为了认清并成就神的意旨。但以理忌口二十一天，就是如此。他二十一天不吃美味、酒肉，没有用油抹身，向神恳切祈求启解末时相关的异象，结果天使长奉神差遣而来，将灵界的奥秘和末时将成的事启示给他。

这些事例告诉我们，长期禁食，不可为私利私事随意而为。必须为神的国和神的义而求，且要在强烈的圣灵作工中顺从带领。比如以斯帖，面对灭族危机，按理长期禁食显得更加合理，但以斯帖和她的族人只需三天禁食。如此，有的只需如火般祷告便可蒙应允，也有满足禁食三日或多至七日方得成全。

记得开拓当时，为圣殿禁食祷告三日，禁食一结束神立刻显应。当时住城东区金湖洞，蒙神引导禁食三天后，来到新大方洞，进去问第一家房地产公司，就得了应允。

禁食悔罪，也要有明确的认识。有省罪悔过即可的，也有需要借助禁食祷告攻克己身。因停歇祷告，禁食十天或二十一天悔过，这就不合神意了。知错改过，往后不住地祷告就可以了，无须长期禁食。

但有一点必须谨记，情欲的事，即心里的罪性通过行为显露之时，必须先认罪痛悔，然后要做悔罪禁食（加拉太书5章19至21

节)。有罪墙使人与神隔绝时,人的祷告,神掩面不听,所以必须先彻底认罪痛悔,拆毁罪墙。

还有,心里怀着罪恶所做的禁食与神无关。藉着三天短期禁食,能够彻底悔过,完全回转,神必悦纳其馨香。但即使做了二十一天长期禁食,若没有什么悔过之意,仅仅是忍耐饥饿,神是不会认可的。当然,在信的人为了弃罪成圣百般努力,只因还不完全,重又犯罪。这种情况可以藉助禁食祷告,祈求弃罪的能力。能够诚心悔改,没有必要做长期禁食。

禁食的时机和天数一样重要

尤其是长期禁食,必须按照圣灵的感动顺从引导。主仆或志在大兴神国而求权能的人,往往有意做长期禁食。真心为神国求权能,长期禁食没有问题。但是求权能若是出于私欲或炫耀之心,别说禁食四十天,不吃不喝更多天数,也求不到权能。

哥林多前书14章1节说:"你们要追求爱,也要切慕属灵的恩赐……"教导我们要怀着爱神之心,追求属灵的恩赐。若要求得权能,预备合用的器皿乃是当先。造就无恶的圣洁之心后,要按照神的引导,在适当的时候做长期禁食,才能得到应允。

圣洁的器皿还没有备好的状态,单纯因一时的感动和热情,就不顾一切做长期禁食。这样的禁食不符合公义法则,求不到权能。当然,神不会因没有预备器皿、随己义冲动,就不予帮扶保守。其热心是神所喜悦的，神会加添力量助其完成禁食。但照着所求显应，恐难指望。如果求得至诚而迫切，神必看重其诚心，施怜悯，加给恩典和能力，引导造就圣洁的器皿，只是不会赐允权能。

所以，即便多么迫切渴慕，也要先自我查验，为预备器皿做祷告和禁食。具备器皿之时，按照圣灵的引导禁食祷告，便可结出蒙允之果。

长期禁食时必须守次序

长期禁食有生命危险，所以必须查验其目的、天数，以及时机是否合乎神意。即便自信是蒙圣灵带领，也有必要查验自己是否备好神所认可的器皿，是不是因一时火热冲动所为。如果真是靠圣灵的带领而定，牧者也会受到感动，乐意为禁食代祷。这样才能在圣灵的感动、感化、充满当中做好神所保障的禁食。

所以，长期禁食要先向牧者咨询，且要从教会获准。因为长期禁食期间须专注神道和祷告，不能正常但当使命。照看群羊的主仆，没有和教会商议，任意决定长期禁食，就不合情理了。

世上的公司都不会这样做，何况是在侍奉神的教会里，更是要遵守秩序。咨询牧者，得到验证，且在圣灵的带领下所做的长期禁食，教会没有理由反对。如此，禁食要遵循属灵的次序、肉体的秩序。这地上的秩序也是神所设定，做神家的工照样要守神定的世上的秩序。我们身体需要适当的休息，要注意饮食，避免暴饮暴食。禁食若盲目过分，会伤身体，要智慧而行。

例如：因长期劳累过度，导致气虚体弱，需要食补调理，充分休息。不管是为了疾病治愈，还是为了成全心愿，这种状态下禁食并非唯一的办法。若非万不得已的情况，还是恢复身体气力要紧。尤其是长期禁食，即使心里有感动做禁食，也要先调理好身体，且在属灵上充足祷告量，做充分的准备后，再进入禁食为佳。

禁食就是断绝成为肉体生命之源的食物，具有冒死之意。特别是长期禁食，要冒生命危险。所以不能随意学人做，必须要靠圣灵的带领。而且，即便有圣灵的感动，也须慎重而行，要在神面前充分做好准备再做禁食。如此，在灵里和肉体上遵循当守的秩序，才能做好完整的禁食祷告，得神的喜悦。

禁食的目的要合乎真理

出门旅游，走正规线路才能顺利到达目的地。当然，如果能走捷径会更加省时省力。信仰也是如此，礼拜、祷告、尽忠，这一切都不能随心所欲。惟有按照神所喜悦的方式做的、且符合真理之时，才能得见神、经历神，蒙允得福。

雅各书4章2、3节说："你们贪恋，还是得不着；你们杀害嫉妒，又斗殴争战，也不能得。你们得不着，是因为你们不求。你们求也得不着，是因为你们妄求，要浪费在你们的宴乐中。"照此，心怀非真理所做的禁食祷告，是求不到应允的。

求物质祝福时，如果心里所存的不是信而是贪欲，禁食多少回都与神无关。比方说，十分之一献十万元（韩币）的人，栽种财物给神时就已经吝啬得不得了,却祷告"求神祝福,从下个月开始能够奉纳一百万元十分之一"。这种心态,无论怎么禁食,也得不着应允。

有相邻的两家店铺,做的是同一种行业。其中一家店主祷告:"求神赐福我,让我的店比邻家更兴旺,好让我荣耀神的名。求神把他们店里的客人都领到我的店里。"带着这样的坏心眼、如此重的贪念祷告,神绝不会应允。神若听他,赐他财富,对他有害无益,只会使他变得更加贪婪。雅各书1章15节说:"私欲既怀了胎,就生出罪来;罪既长成,就生出死来。"

求物质上的祝福,也要按照种收法则,在神面前凭信栽种。即便凭信多种,神还是会等候时机适时赐允降福,因祂愿将属灵之福先赐在我们心里。为各样的恩赐祷告时,也要先洁净内里预备器皿,为神的荣耀而求。比方说为开灵眼祷告,要存着爱神的心、对属灵世界的渴慕祈求,且须先洁净内里。绝不可在不作内心割礼的状态,心怀贪心求恩赐。

禁食求能力也是如此。要不断做成内心的割礼,须以惟愿荣耀神的心志如火般祷告。如果做不到这些,反而有害于己。不是因禁食伤身,就是禁食结束后心生骄傲,以致被撒但所辖制。所以,禁食之前,当要省察自己所求是否出于私心或贪心、合不合神意、心诚不诚。

要拆毁与神隔绝的罪墙

家中有鬼附的，全家人要在爱里合一，同心合意禁食祷告，再请有能力的神仆，献上礼拜祷告赶鬼，邪灵才会从亲人身上退去。前提是进入禁食之前，要把亲人拜偶像、相互不睦等与神隔绝的罪墙彻底拆毁。求病愈时，也要先自省患病之由，即没有蒙神保守的原因，彻底悔改，然后进入禁食。

为其它任何一种问题做禁食求解，都要先拆毁与神隔绝的罪墙。比方说，有个肢体禁食祷告求解某种难题，可是他不管礼拜还是祷告经常打盹瞌。礼拜或祷告时打盹，本是对神的大不敬。如果没能蒙神保守，遭遇困境，是这种对神的不敬行为所致，单凭禁食无法解决。何况蒙福的前提是得神喜悦，在神面前行得无礼、态度不敬，禁食祈福又有何用。

所以，为了得到应允，进入禁食之前，在神面前的不敬行为必须深省懊悔。此外，若有过犯形成罪墙与神隔绝，就当先行拆毁，与神和好。这样充分准备后，献上禁食祷告，神才会按照所求的赐允降幅。

为弃罪祷告时，也要先深省己恶，彻底认罪痛悔，且要有竭力活出真理的行为伴随。一味的做禁食祷告，并不能让人成圣。比如和弟兄不合，心里仍存有嫌弃、憎恨的状态下禁食祷告，这就不算悔罪的禁食了。

悔罪禁食乃是以不惜舍命的心志向神祈求宽恕的谦卑行为，心里怀恶的状态做禁食本身不合情理。故此，首先当行的是深省己恶，彻底悔改，恳切祈求把心里的恶完全除净，这样才能从上头临到恩典和能力，得以从心里除去憎恨或厌烦。

要有如火般的祷告

有的人禁食期间无力祷告，就一直躺着，或睡觉打发时间。这可不算献与神的禁食祷告，是仅仅自愿而为的绝食。神喜悦的并不是禁食的行为，而是以禁食的意志献上的恳切祷告馨香，即倾尽生命的祷告馨香之气。

因此，禁食期间，要尽可能专注神道与祷告，要比平时投入更多时间、更加火热呼求。进入长期禁食之前，更是需要积累充足的祷告量，禁食期间更是每天至少如火般呼求五个小时。不信的世人断食一段时间，不可避免会伤及身体，但神的儿女做禁食，可以藉助祷告从神赐得健康和能力。禁食期间祷告的主题不能是属世的，也不能是私愿。而是要着重为神的国和神的义，以及教会和牧者祷告。

以前我做四十天禁食的时候，经历多次生死关头，但我还是几乎每天都呼求祷告，祷告声响彻祷告院洞窟。因为之前也频频禁食，十五天以上的长期禁食也做过多次，以为四十天禁食也能靠神轻松完成。然而，前五天还好，但第六天开始明显感到没有了神的扶助。

一连几天无法入睡，头晕目眩痛苦难忍。后来连水都喝不了，甚至出现吐血症状。明显是面临死亡的状态。加上当时遭遇六十年不遇的酷寒，气温下降到零下十七度，甚至是二十四度，祷告洞窟墙壁上布满了冰霜。

即使在这种状态下,我也没有停止祷告。尽管连迈步的力气都没有了,但我还是坚持每天到洞窟祷告,祷告时更是倾注仅存的力量呼求。这样倾尽全力恳求能力,三十分钟或一个小时后,神就赐下新力,助我祷告。那一刻起我神奇地有了力量,呼求祷告几个小时都不觉累了。终于顺利完成四十天禁食。神喜悦我献上的禁食祷告,使我日后的生活中常伴惊人的祝福和应允。

禁食和如火般的祷告必须并行。这样,祷告的馨香才会因禁食变得更加浓郁,直达神的宝座前,从而速蒙应允,亲历神恩。

要攻克己身谨慎自守

以赛亚书58章3至5节:"他们说:'我们禁食,你为何不看见呢?我们刻苦己心,你为何不理会呢?'看哪,你们禁食的日子仍求利益,勒逼人为你们作苦工。你们禁食,却互相争竞,以凶恶的拳头打人。你们今日禁食,不得使你们的声音听闻于上。这样禁食,岂是我所拣选使人刻苦己心的日子吗?岂是叫人垂头像苇子,用麻布和炉灰铺在他以下吗?你这可称为禁食为耶和华所悦纳的日子吗?"

如果禁食期间,享受娱乐、刁难下属、与人争吵、施暴伤人,神会说什么呢?有的人禁食的日子观赏影视连续剧或综艺节目等,享受属世的娱乐,或对弟兄和邻居论断、定罪,背后说人坏话。

因对世上的事总是关注挂心,所以说话常带一些无益之言、恶言、戏言。禁食期间,还会出现和周围的人争吵,伤感发怒的现象,这种禁食不能得神喜悦。禁食祷告是冒生命危险献与神的，是全然向神交托依靠，祈求神恩的极其谦卑的显信行为。所以更应尽心尽意尽性尽生命，按照神的旨意，献上能够感动神的禁食祷告。

短期禁食，一般并行日常家务或工作。虽然这是为了遵循在神的全家尽忠的教导，但长期禁食期间，不宜给身体加添任何负担，不可接触属世的事，要专注祷告和听道，须谨慎自守。还要避免争竞、动怒。也不能参与人们的闲谈，议论世上的事、对他人的事说好说歹，更不能接触世上的娱乐。可见日常生活中做长期禁食并不现实。

禁食时不仅要这样谨慎自守，还要自始至终心无动摇，在真理里面立稳，只喜欢真理，凡是盼望、凡是相信。"把饼分给饥饿的人，将飘流的穷人接到你家中，见赤身的给他衣服遮体，顾恤自己的骨肉而不掩藏"（以赛亚书58章7节），即善待弟兄，满怀怜恤之心献上的禁食祷告，神才悦纳。我们要尽心尽意竭诚献上神所喜悦的禁食。

当我们这样以全备的心志献上神所喜悦的禁食，便不觉疲惫和漫长。因为所思所想全都是神，使得灵里更加火热，恩典充满。因为凭信盼望得允，就不觉得艰苦。神看重这般信心，赐予力量，以助得胜。

禁食结束后要完成保护食

在神面前凭信禁食，必蒙神的保守，不会伤身。虽然凭着信心禁食祷告，但人当做的绝不能忽略。禁食结束后，接着做完同等天数的保护食，才算完整的禁食祷告。这样做不仅能助长节制的能力，身体免于负担，更有助于身体健康、灵性清晰。

有的人说自己身体健壮，吃什么都能消化，没有必要做保护食。这种想法是错的。完成保护食，能使虚弱的肠胃变得健康，小病小痛也会在保护食期间蒙神治愈。即便顺利完成禁食，但保护食若没有做好，会也伤元气、损身体，还会出现副作用。

保护食期间，要避免剧烈的运动，不做累活儿重活儿。禁食后偶有试验临身的现象，最好预先祷告准备。神若悦纳我们所做的禁食，保护食期间也会悉心引导。赐下节制的能力，让我们忌口不该吃的，避免暴食成疾。如此，凭节制能力完成的保护食是禁食祷告的一部分，故若要献上神所喜悦禁食，必须认真做好保护食。

有的人保护食做得不正确，伤及元气，加上又连着禁食，导致身体越来越虚弱。要明白保护食做得完整，能快速恢复元气，身体比禁食之前更加健康，脸色也会更加滋润发亮。通过禁食，清空肠胃，有害物质全都排出后，保护食期间，有节制地摄取有益身体的食物，使得身体越来越健康。如此献上神所悦纳的禁食祷告，对健康大有益处。

正确的保护食

保护食期间，吃得过饱会致脸部浮肿，加重胃部负担，伤及肠胃，需要格外注意。通常一天吃三顿饭，但保护食期间，喝米汤或米粥时，可以分四次进餐，每次一水杯左右的定量为佳。肉类、鸡蛋、面包、饮料，以及油腻的、辣的、咸的、甜的、酸的等刺激性食物，还有化学调味品、香辛料要避免食用，尽可能吃素食。

像三天一样的短期禁食，结束后喝稀粥也无妨。但做完长期禁食，胃肠脆弱如婴儿，必须多加注意。前两天要喝稀如清水的米汤，每天四次。水果可以选苹果，每次把一块苹果榨成汁饮用，只是一天不能超过四次。第三、第四天，可以把米汤煮得略稠一些，往后还可以加入米面或熟透的南瓜做粥，还有豆芽粥也是不错的选择。根据情况适当加量。

要忌肉食，菜里避免添加化学调味料。如果非要吃肉，可以吃点鱼肉，但最好吃得淡一些。辣椒叶、野芝麻叶、萝卜叶、白菜嫩叶等蔬菜加海蜒煮的汤也不错。尤其，将野芝麻磨碎去皮后，倒入米粥熬制食用，能够加快元气恢复。

这样节制饮食，完成神所喜悦的保护食，就会发现皮肤润白光泽，体重迅速恢复。照此，做完禁食，接着完成保护食，才算完整的禁食祷告。因为这是神所喜悦的禁食，必会速速应允所求。

从慈爱和恩典丰盛的神求得应允，成就心愿，绝非难事。献上神所喜悦的完整的禁食，神必成全所有的心愿。愿每一个肢体都能献上合神旨意的禁食，心愿常蒙应允，结出丰盛灵果，尽情荣耀神。

调控天象的神

> 我们的心里若无可责备，神必应允我们一切所求。

每到夏季，常常想起开拓教会后第一次筹办夏季修炼会时的情景，当时学生和青年计划在仁川近海的大阜岛举行。

然而，就在那时，京畿道一带发布暴雨预警，深夜12点开始下的暴雨，凌晨4点还不见停雨迹象。部分远地方的学生和青年们前一天晚上就来到教会，在二楼礼拜堂候着。作为教会负责人，责任重大，那一晚我整夜不眠。

凌晨4时50分，晨更礼拜结束，风越刮越猛，雨越下越大，雷电交加。乘开往大阜岛的轮船，最晚也要凌晨5点必须从教会出发。在这种情况下,没有一人灰心,建议"推迟日程",更没有一人不解地抱怨"修炼会这一天怎么还下雨"。因为大家都相信在神没有难成的事。当我问:"同心合意祷告后,下到一楼时,暴雨必会止降。你们相信吗?"大家异口同声以"阿们"回应显信。同心合意祷告约两分钟后,拿起各自的行李逐一下到一楼,无人不从。

就在我们凭信走出去,前面的人第一脚踩到地面的那一刻,倾盆大雨瞬间变成毛毛细雨,随即止降。好像以色列百姓按照神的吩咐,一脚踏入约旦河时,湍急的河水停流,得以走干地过河那样,大家经历了一次奇妙的神迹。

这一神迹,成为很多人信仰上的一大经历。在神无所不能,我们心里若无可责备,无论求的是什么,神都会应允我们。

第八章

常常祷告，不可灰心

不义之官比喻
须常常祷告的原因
到了时候就要收成

路加福音18章1至8节

"耶稣设一个比喻,是要人常常祷告,不可灰心……主说'你们听这不义之官所说的话。神的选民昼夜呼吁他,他纵然为他们忍了多时,岂不终久给他们伸冤吗?我告诉你们;要快快地给他们伸冤了。'"

不义之官比喻

人生在世,难免遇到大大小小的困难。我们为活在永在的神作见证时,有的人为了求解人生问题,有的人为了求得心灵平安来到教会。不管出于什么原因,凡接待耶稣基督,到神面前礼拜的人,皆为神的儿女,随着信心成长,渐渐成为祷告的人。

作为神的儿女,必须按照神所喜悦的方式祷告,切记要领,恒心祈求,直至蒙允。正因为如此,有信心的人,因重视祷告,就照着习惯常常求告神。

"耶稣用许多这样的比喻,照他们所能听的,对他们讲道。若不用比喻,就不对他们讲……"(马可福音4章33、34节),在路加福音18章1至8节,耶稣设不义之官和一个寡妇的比喻,让人知道恒心祈求的重要性,教导人要常常祷告,不可灰心。

某城里有一个不义之官,那城里有个寡妇常到他那里,恳求给她伸冤。不义的官希望能得点好处,可惜寡妇一贫如洗,榨不出什么油水。只因寡妇常去恳求,多日不准的官终于改变了想法。

"我虽不惧怕神,也不尊重世人;只因这寡妇烦扰我,我就给她伸冤吧,免得她常来缠磨我!"(路加福音18章4、5节)

看出寡妇誓不罢休,厌烦她没完没了地找他喊冤,那个不义的官也只好听寡妇申述,为她伸冤。

耶稣设这一比喻,旨在让我们得悟蒙允的秘诀。耶稣说:"神的选民昼夜呼吁他，他纵然为他们忍了多时，岂不终久给他们伸冤吗？"（路加福音18章7节）连不义的官都会转念为寡妇伸冤，本为爱的神怎会不听儿女的呼求。更何况，儿女有求于祂，做定期、禁食、彻夜祷告，神岂能不速速应允。

正如诗篇50篇15节记载："并要在患难之日求告我，我必搭救你，你也要荣耀我。"神乐意应允我们的祈求，好让我们将荣耀归与神。既然这样，为什么会有那么多人因求也得不着而犯愁呢？既然神分明应许："你们祈求，就给你们；寻找，就寻见；叩门，就给你们开门。因为凡祈求的，就得着；寻找的，就寻见；叩门的，就给他开门。"（马太福音7章7、8节）又怎么会不听我们的祷告。

只因有罪墙与神隔绝，或祷告不充分，或时机不成熟，才没有显应而已。我们要常常祷告，不可灰心。因为当我们耐心凭信祈求，圣灵就会赐下悔罪的恩典，引导我们拆毁与神隔绝的罪墙，叫我们得着应允。祷告足量，公义足充，到了时候神必赐允显应。

路加福音11章5至8节，耶稣设比喻教导我们，祷告要有耐心且须迫切。

"耶稣又说："你们中间谁有一个朋友半夜到他那里去说：'朋友，请借给我三个饼，因为我有一个朋友行路，来到我这里，我没有什么给他摆上。'那人在里面回答说：'不要搅扰我，门已经关闭，孩子们也同我在床上了，我不能起来给你。'我告诉你们：虽不因他是朋友起来给他，但因他情词迫切的直求，就必起来照他所需用的给他。"

圣经告诉我们，求得迫切，神才会应允。我们要带着耐心，切切祷告。不是叫我们强求，而是要我们带着确信，恒切地祈求。

藉着这样的祷告蒙神应允的古人先知，在圣经中多有记载。"你不给我祝福，我就不容你去。"（创世记32章26节）在雅博渡口与天使摔跤的雅各这样迫切祈求，神就应允他为他祝福。从此雅各就叫以色列，成为以色列的始祖。

女儿被鬼附的迦南妇人来见耶稣，喊着说："主啊，大卫的子孙，可怜我！我女儿被鬼附得甚苦。" 耶稣却一言不答。妇人来拜祂，恳切求助，耶稣却回答"不好拿儿女的饼丢给狗吃"，没有应允。但妇人依旧没有放弃，对耶稣说："主啊，不错，但是狗也吃它主人桌子上掉下来的碎渣儿。"（马太福音15章27节）最终耶稣应允妇人所求，对她说："妇人，你的信心是大的，照你所要的，给你成全了吧！"

我们当效法古人先知所行，带着坚定的信念，满怀热情，常常祷告，从神蒙允。要因着相信到了时候必让我们收成的信实的神，一求到底，永不灰心。

须常常祷告的原因

停止祷告，就会无缘圣灵的帮助，充满渐失，与神之间交通逐渐断绝，终使圣灵的感动全消。就像和常见的熟人沟通显得自然一样，常常祷告，与神勤交通，我们才能更深了解神的意旨，遵神旨意而活，从而获得救恩，得到永生。而且，惟有祷告时，我们才有力量抵挡仇敌魔鬼、撒但，取得胜利。我们是和幽暗世界的势力，即邪灵争战，所以必须时刻警醒祷告。如此我们才能依靠神的大能和权柄，全然得胜。

"因我们并不是与属血气的争战，乃是与那些执政的、掌权的、管辖这幽暗世界的，以及天空属灵气的恶魔争战（两"争战"原文都作"摔跤"）。"（以弗所书6章12节）

正因如此，神在帖撒罗尼迦前书5章17节，吩咐我们要"不住地祷告"，并说这是祂在基督耶稣里向我们所定的旨意。

耶稣遵照神的旨意，常常祷告，显出祷告之榜样。野地、荒山、黎明、深夜，耶稣随时随地恳切祷告神。古人先知们也是常常祷告，竭力遵行神的旨意。

撒母耳激励以色列百姓，说："至于我，断不停止为你们祷告，以致得罪耶和华。我必以善道正路指教你们。"（撒母耳记上12章23节）因为祷告乃神的旨意，是神的命令，所以说停止祷告就是得罪神。停歇祷告，属肉的意念就会趁虚而入，无力遵从神的旨意，从而遭遇难题，身陷困境，事事受阻。导致被试探所胜，向神发怨言，甚至远离神。

彼得前书5章8、9节说："务要谨守、警醒，因为你们的仇敌魔鬼，如同吼叫的狮子，遍地游行，寻找可吞吃的人。你们要用坚固的信心抵挡它……"所以，我们不可只在遇到问题时求告神，而要养成习惯，常常祷告，得享凡是亨通之福。

到了时候就要收成

加拉太书6章9节说："我们行善，不可丧志，若不灰心，到了时候就要收成。"祷告同样如此。祷告乃神的旨意，不住地祷告，若不灰心丧志，到了时候必有收获。农夫撒种后，因心急难耐而扒土确认，或种子发芽后，没有精心培育，耐心等候，必然收成无望。同理，祷告也须要真诚和忍耐。

但以理先知看异象得知自己国家将来要遭遇的事，悲伤祷告三个七日即二十一日，在他专心求的第一日神就差遣天使。但因空中掌权的邪灵拦阻带着应允而来的天使，第二十一日才到达但以理那里。但以理得到天使启悟，明白神的旨意（但以理书10章12至14节）。

但以理看了异象后，虽然忧心乏力，但他直到得允坚持祈求到底。这样凭信忍耐，恒心祷告，神必差使者助力引导，直至得到应允。所以带着应允而来的天使说："米迦勒来帮助我……现在我来要使你明白本国之民日后必遭遇的事……"

我们想想自己祷告时都求什么？我们的祷告是否像但以理的祷告那样上达到神面前？但以理为明白所见异象，在神面前降卑虚己，美味不吃，酒肉不食，也不用油抹身，专心祈求。正因但以理在神面前显出谦卑之态，定意而求，神第一日就垂听应允（但以理书10章1至12节）。我们要记住，虽然神第一天就赐下应允，但足足二十一日后那应允才临到。

向神祷告求解难题，很多人求一天两天若不见应允，就轻易放弃。这显然是信小所致。不管神应允何时临到，我们要分明相信信实的神必显应，耐心祈求到底。

神按时赐秋雨春雨，又为我们定收割的节令（耶利米书5章24节）。马可福音11章24节说："所以我告诉你们：凡你们祷告祈求的，无论是什么，只要信是得着的，就必得着。"但以理就是因着确信神必应允，所以恒心忍耐，不住地祷告。

"信就是所望之事的实底，是未见之事的确据"（希伯来书11章1节）。未见应允，便消极放弃，绝非信之表现，不要妄想得到应允。真信之人，不看眼前现实，只管恒心祷告，绝不气馁。因为按照所行所种报应的神，必应允我们所求。

正如雅各书5章7、8节所讲："……看哪，农夫忍耐等候地里宝贵的出产，直到得了秋雨春雨。你们也当忍耐，坚固你们的心……"奉主圣名祝愿圣徒们都能凭信耐心向神祈求，常蒙应允，得享蒙福人生！

何谓"方言祷告"？

多用方言祷告，可使灵恩充溢，悟性提高，加速灵性成长。

使徒行传1章4、5节记载："耶稣和他们聚集的时候，嘱咐他们说：'不要离开耶路撒冷，要等候父所应许的，就是你们听见我说过的，约翰是用水施洗，但不多几日，你们要受圣灵的洗。'"耶稣被接升天之前还说："但圣灵降临在你们身上，你们就必得着能力；并要在耶路撒冷、犹太全地和撒玛利亚，直到地极，作我的见证。"（使徒行传1章8节）。

门徒和圣徒约一百二十人聚在马可楼，同心合意的恒切祷告。"五旬节到了，门徒都聚集在一处。忽然，从天上有响声下来，好像一阵大风吹过，充满了他们所坐的屋子；又有舌头如火焰显现出来，分开落在他们各人头上。他们就都被圣灵充满，按着圣灵所赐的口才说起别国的话来。"（使徒行传2章1至4节）。

说各种方言乃圣灵的恩赐之一（哥林多前书12章10节），神愿所有儿女都说方言（哥林多前书14章5节）。说方言的，乃是对神说，在心灵里讲说各样的奥秘。所以仇敌魔鬼、撒但无从搅扰妨碍，对自身灵命成长大有帮助。

那么，方言祷告对我们的信仰有何益处？内住里面的圣灵亲自用说不出来的叹息替我们祷告，圣灵照着神的旨意替不知当怎样祷告的我们祈求，使我们得以速蒙应允。被圣灵所充满，胜过肉体的疲乏，甚至能预防或击退试探患难。圣灵参透万事，就是神深奥的事也参透了，所以越是属灵，越能与神清晰交通，就连将来的事也能预知。

这样用方言祷告，虽能助增我们来世的盼望，信心得以充满，临到灵魂兴盛之福，但我们的悟性没有果效（哥林多前书14章14

节)。若是如此,我们怎样祷告才是正确的呢?方言祷告和悟性祷告要结合。方言祷告是圣灵替我们为灵魂兴盛而求的内容,悟性祷告则是先求神的国和神的义,后求人生在世所要面对的属肉体的问题,即家庭、职场、事业、工作、心愿等,所以灵性的祷告和悟性的祷告必须并行。

在圣灵的感动中用方言火热祷告,有时会出现用方言唱诗的现象,那是灵的赞美即灵歌。唱起灵歌不断,圣灵越发充满,不知不觉中就会跳起灵舞、做起律动,进入更深境界会说出新方言。马可福音16章17节说:"信的人必有神迹随着他们,就是:奉我的名赶鬼,说新方言……""新方言"功效巨大,让仇敌魔鬼、撒但胆战心惊。比方说,持刀歹徒欲要行凶的危难时刻,可以用新方言,调动天使阻止歹徒,使歹徒回心转意,或让歹徒持刀的手僵住,不得再动。

如此,新方言具有预防试探患难之效。用新方言祷告,家庭、工作、事业等,在任何地方都能常蒙看顾保守。仇敌魔鬼、撒但退去,万事都互相效力,尽享通达。所以我们当并行悟性祷告和方言祷告,时刻警醒,得享满有能力的信仰生活。

总要警醒祷告，免得入了迷惑
Keep Watching and Praying

在未获得乌陵出版社书面许可的情况下，不得对本书的内容进行制本、复印、电子传送等。

本书所引圣经经文取自《现代标点和合本》

作　　者: 李载禄博士
编　　辑: 宾锦善
设　　计: 乌陵出版社设计组
发　　行: 乌陵出版社（发行人: 宾圣男）
印　　刷: 艺源印刷厂
出版日期: 1992年 5月初版（韩国，乌陵出版社，韩国语）
　　　　　2019年10月初版（韩国，乌陵出版社）

Copyright © 2019 李载禄
ISBN 979-11-263-0506-3 03230
Translation Copyright © 2007 郑求英

问讯处: 乌陵出版社
电　话: 82-2-837-7632 / 82-70-8240-2072
传　真: 82-2-869-1537
E-mail: urimbook@hotmail.com

"乌陵"是旧约时代的大祭司为了求问神的旨意而使用的决断的胸牌，希伯来原意为"光"（出埃及记28章30节）。"光"代表着将我们引入生命的神的话语，因此"乌陵"也是代表着本为光的神。乌陵出版社为了用真光照亮整个世界，如今正在以祷告和赤诚，奔跑在文书宣教的前沿。

www.ingramcontent.com/pod-product-compliance
Lightning Source LLC
LaVergne TN
LVHW041613070526
838199LV00052B/3126